엄마가 읽고 내 아이에게 들려주는 새 이야기

작은 새들

글 : 조은소리　　사진 : 권경숙

한·글소리샘

들어가며

　지난해 가을 해 질 녘이었습니다. 한 아파트 단지 주변에 있는 느티나무 아래를 지나다가 나는 걸음을 멈추고 그 자리에 한참을 서 있었습니다. 왜냐구요?
　"지즐 지즐 지즈골 지즈골 종알 종알."
　새소리가 마치, 봄날 바람에 벚꽃잎 날리듯 쏟아져 내리고 있었거든요. 제법 둥치가 크고 나뭇가지가 풍성한 나무였는데요, 주변에 있는 새란 새는 다 모여든 것처럼 아주 떠들썩했습니다. 그날 제 마음속엔 갑자기 번역기 하나가 작동되었습니다. 바로 새소리 번역기였죠. 그날 들은 새소리를 번역해서 읽어 드릴게요.
　"뒷산 오르는 길 비목나무 아래 물웅덩이 가봤어? 목욕하기 좋던데."
　"아 거기? 그런데 거긴 너무 많이 알려져서 줄 서서 기다려야 해"
　"동네 어귀에 나무 열매가 많이 달려 있어. 올겨울 식량 걱정은 없겠어."
　"친구가 인간이 하는 말을 들었는데 그 나무들 다 베어내고 무슨 건물을 지을 거라 했대."
　"진짜? 그럼 또 어디 가서 열매를 찾지?"

"건넛마을 외딴집 있잖아? 거기 고양이가 진짜 사나워. 그 주변 지날 땐 경계를 늦추면 안 돼."

"그래 우리 다 같이 조심하자."

"난 오늘 너무 많이 날아다녔나 봐. 피곤해, 일찍 잘 테야."

어떻게 이런 멋진 번역기를 갖게 되었냐고요? 사실 저도 정확히는 모르겠습니다. 마음속 새 번역기가 먼저여서 새를 사랑하게 되었는지 아니면 새를 사랑해서 새 번역기를 갖게 되었는지요. 분명한 건 집을 나서면 어디서나 새를 만날 수 있고 그러면 또 사랑하는 마음이 샘솟고 그래서 행복해진다는 사실입니다.

이 글을 읽는 여러분은 이미 새 번역기를 가질 수 있는 자격을 갖추었다는 것은 제가 장담할 수 있습니다. 조금만 더 새들에게 마음을 열고 관심을 기울여 보세요. 어느 날 여러분에게도 새들의 이야기가 들릴 거예요. 그럼, 그때 여러분도 저에게 주변 친구들에게 또 세상 사람들에게 아름다운 새 이야기를 들려주세요. 그 이야기 들을 날을 고대하고 있겠습니다.

조은소리
2023년 아름다운 봄날에

추천하는 글

나도 날아볼래요

새들과 소통하는 순하고 맑은 아이들의 이야기를 읽는 동안 나도 사랑받는 아이 하나가 된 듯 참 행복했습니다. 그윽한 힘이 나를 감싸고 든든히 밀어주는 것 같았어요. 따스한 물결처럼 퍼지며 날갯짓하는 다정한 우리말들을 따라 소란하지 않으며 생각하게 만드는 이야기에 빠져들었지요.

저만의 목소리와 멋을 지닌 작은 새들. 이들의 이름을 부를 줄 아는 5학년 청제와 친구들을 보며 참 기뻤습니다. 어떻게 날고 싶은지 하늘을 숨 쉬며 자라고 꿈꾸는 아이들이 보였거든요. 새에게 관심을 갖는 동시에 아직 새처럼 작은 자신들의 목소리에도 귀를 기울일 줄 아는 아이들입니다. 새처럼 나는 법을 배우고 언젠가 스스로 제집을 짓겠구나 싶어 가슴이 두근거리던걸요. 친구들과 주변 어른들을 통해 자신을 발견하면서 따로, 그리고 함께 나는 법을 배우는 아이들. 체온 가진 것들을 사랑하며 힘차게 세상을 향해 나아가겠지요. 스스로 생각하는 힘을 기르면서 말입니다. 우리 엄마·아빠들은 어떻게 날았는지도 생각하면서 때가 되면 제 날개를 펼 아이들. 그런 아이들을 도우며 연결되는 어른들의 모습도 참 푸근하고 자랑스러웠습니다.

포르릉, 한 마리 새를 따라 날며 아이들의 우정이 번집니다.
작은 목숨을 보듬고 사랑하는 아이들은 따뜻하고 희망찹니다.
오늘 청제는 어떤 새와 만날까, 누구랑 무얼 할까...
청제는 어떤 날개를 가지게 될까, 연수는, 동호는?
그럼, 나는 어떻게 날았으며 내 아이의 날개는 어떻지?
아이의 이름을 부르고 내 이름도 불러봅니다.
나와 우리를 생각하며 참 좋았습니다.

내일 청제는 어떤 새를 만날까요.
한 무리 아이들이 날개를 펴며 날아오릅니다.
함께 날아보실래요?

박경이
2023년 찬란한 가을.
(전 국어교사.
〈만화 학교에 오다〉〈천방지축 아이들 도서실에서 놀다〉
〈엄마 꽃밭은 내가 가꿀게요〉 저자)

목 차

들어가며   2
추천하는 글   4

1. 너의 작은 걸음으로   7
2. 아름다움의 이유   18
3. 그리움은 바람을 타고   32
4. 오해   43
5. 난 너에게 반했어   52
6. 아빠의 비밀   62
7. 영원한 내 편   82
8. 슬프고 아름다운   97
9. 누구나 한 가지는   111
10. 우리만의 파랑새   127
11. 울어도 괜찮아   146
12. 초록빛 바람이 불면   160

동화에 나오는 새   178
새 이름을 맞춰보세요   184

1. 너의 작은 걸음으로

창가에 모여 앉은 여자아이들의 정수리에 봄 햇살이 내려앉았다. 아이들이 까르르 웃음을 터뜨리며 고개를 뒤로 젖힐 때마다 햇살은 머리카락을 타고 스르륵 미끄러져 내려갔다. 운동장에서 아이들과 함께 뛰놀던 바람이 그곳의 왁자지껄한 소리를 채 털어내지 못하고 열린 창문으로 교실에 들어왔다. 순간 창문이 아주 조금 흔들리고 여자아이들의 머리카락이 살짝 나풀거렸다. 휘 교실을 둘러보던 바람은 뒤 출입문 가까운 자리에 앉은 청제를 발견했다. 책상에 만화책을 펴놓고 열심히 보는 척하고 있지만 사실 청제의 모든 신경이 여자아이들의 수다에 쏠려 있다는 것을 바람은 알 수 있었다. 그게 재미있어서 바람은 슬쩍 청제가 보고 있는 만화책의 낱장을 한 장 들어 팔랑이며 장난을 쳤다. 하지만 청제는 정신이 팔려 책장이 제멋대로 넘어가는 것도 알아차리지 못했다.

"나는,"

연수가 말을 떼자, 청제가 귀를 쫑긋 세웠다. 바람이 청제 이마를 덮고 있는 앞머리를 흐트러뜨렸다. 청제는 아랑곳하지 않았다. 청제가 별 반응이 없자 바람은 뒷문을 통해 다시 교실을 빠져나갔다.

"자전거 잘 타는 사람이 제일 멋있더라."

연수의 말이 끝나기 무섭게 청제는 '야호!'하고, 속으로 환호성을 질렀다. 얼마나 좋은지 자신도 모르게 주먹을 불끈 쥔 채 흔들고 있었다. 문득 자기 행동이 민망해진 청제는 고개를 들어 주변을 둘러보았다. 다행히 아무도 보는 사람이 없었다. 청제는 아직도 들고 있는 손을 슬그머니 내려서는 흐트러진 앞 머리카락을 가지런하게 쓸어내렸다. '자전거 하면 나 이청제 아닌가?' 이건 청제 친구들도 모두 인정해 주는 사실이었다. 점심을 먹고 나서 동호를 따라 축구하러 나가지 않기를 얼마나 잘했는지 모르겠다. 여자아이들은 '키가 커야 한다. 옷을 잘 입어야 한다'는 등 자신이 생각하기에 멋있는 남자에 대해 늘어놓다가 수업을 알리는 음악이 나오자 모두 제자리로 돌아갔다.

청제는 방과 후 막 교문을 나서고 있는 연수를 향해 뛰어갔다.

"연수야! 송연수!"

연수가 뒤돌아봤다.

"우리 오늘 자전거 타러 갈래? 내가 좋은 장소 알거든."

연수는 잠깐 망설이는 눈치더니

"좋아!"

라고 시원스럽게 대답했다. 아마도 오늘은 모든 일이 술술 풀리는 운이 좋은 날인 것 같았다.

청제는 부리나케 집으로 가 자전거를 끌고 약속 장소로 갔다. 연수는 머리부터 팔꿈치, 손, 무릎까지 보호 장비를 완벽하게 갖추고 있었다. 빨간색 자전거가 연수와 썩 잘 어울렸다.

"이렇게 안 하면 엄마가 자전거를 못 타게 해서."

연수는 자기 모습이 창피한지 자꾸 손을 뒤로 감추며 말했다.

"괜찮아. 나도 처음엔 그랬어. 우리 아빠도 귀에 딱지가 앉도록 안전, 안전 그러셨어. 원래 어른들은 걱정이 많으시거든."

청제가 다 이해한다는 듯이 말하자, 연수 표정이 밝아졌다. 청제는 따라오라며 자전거에 올라 앞서갔다. 큰 도로를 벗어나서 오른쪽 샛길로 접어들자, 뒷산이 마을을 안듯이 품을 펼쳐 보였다. 양옆으로 별 무리처럼 빛나던 개나리는 벌써 꽃은 다 지고 초록 잎들이 다른 관목들과 어우러져 자그마한 숲처럼 우거져 있었다.

"여기서부터는 오르막이야."

청제가 먼저 자전거를 멈추었다. 연수도 청제 옆에 자전거를 세웠다.

"연수야 넌 여기서 기다려. 내가 먼저 저 위까지 가서 타고 내려올게."

청제는 자전거를 끌고 올라갔다. 사실 청제는 변속장치를 이용해

이 정도 오르막은 얼마든지 자전거로 올라갈 수 있었지만 연수가 타기에 불편한 곳은 없는지 확인할 겸 걸어 올라갔다. 청제는 가슴이 설레었다. 내리막으로 인해 속도가 어느 정도 붙었을 즈음, 연수 앞에서 멋지게 급회전과 동시에 자전거를 순간적으로 멈추는 모습을 보여줄 생각에 자꾸 가슴이 콩닥콩닥 뛰었다.

청제는 적당한 지점에서 자전거 안장에 올라앉았다. 어디선가 바람이 불어왔다. 장난꾸러기 바람이 청제의 웃옷 자락을 흔들었다. 청제는 귀찮은 듯 펄럭이는 옷자락을 툭 털어내고는 이제 출발하겠다는 뜻으로 저 아래에서 청제를 올려다보고 있는 연수를 향해 한 손을 흔들었다. 연수도 마주 손을 흔들었다. 청제는 자전거 발판 위에 놓은 발을 힘껏 굴렀다. 양발을 번갈아 가며 서너 번 힘을 주었을까? 비단결처럼 부드럽던 바람이 어느새 펄럭이는 깃발 소리를 내며 '청제 나가신다.'라고 말하듯 척척 갈라졌다. 자전거의 속도가 빨라질수록 연수와의 거리가 가까워졌다. 연수가 두 팔을 흔들며 청제를 응원하고 있었다. '조금만, 조금만 더 내려가서 급회전하리라.' 청제는 정확한 지점을 계산하며 내려오고 있었다. 그때였다. 청제의 귓가로 불불 거리며 지나치는 바람 소리 사이로 '포륵 포륵 포르륵' 하는 새로운 소리가 들려왔다. 그 소리는 처음엔 멀리서 들리는 것 같더니 점점 가까워지며 충돌을 피할 수 없으리라는 불길한 예감이 들었다. 아니나 다를까, '핑'하고 작은 돌멩이에 머리를 맞은 듯 아득해진 눈앞으로 몇 마리의 새가 파다닥 날아올랐다. 애써 균형을 잃지 않으려는 자신의 의지와는 상관없이 세상이 한바탕 요동을 치듯 풍경이 마구 흔들렸다. 그러자 동그랗게 커진 연수의 눈이 포물선을 그리며 땅에 떨어졌고 그 순간 청제는 그것이 바로 자신이 길 옆 풀섶에 처박히고 있기 때문이라는 걸 알 수 있었다. 주인 잃은 자전거도 우당탕 소리를 내며 나뒹굴었다. '아 이 무슨 망신이람!' 청제는 창피한 생각에 벌떡 일어섰다. 다친 곳도 없는지 하나도 아프지 않은 것 같았다.

"청제야! 괜찮아?"

연수가 뛰어왔다. 많이 놀란 얼굴이었다.

"괜찮아."

청제는 아무렇지 않은 척 바지의 먼지를 털었다. 손인지 바지 속 다리인지 아려왔다. 다치긴 다친 모양이었다.

"청제야! 어떡해, 어떡해?"

갑자기 연수가 어쩔 줄 몰라 하며 발을 동동 굴렀다. 청제는 무슨 일인가 싶어 얼굴에 붙은 풀잎과 덩굴줄기를 떼어내면서 연수의 시선이 머무른 곳을 바라보았다. 연수가 땅바닥에 쪼그려 앉았다. 작은 새 한 마리가 죽은 듯 누워있었다. '그럼, 아까 그 돌멩이가 이 새였었나?' 청제는 연수에게 이런 꼴을 보이게 한 새가 원망스럽기도 하고 제 머리 때문에 새가 저리된 것 같아 미안하기도 해서 마음이 복잡했다.

"어머! 어쩜 이렇게 작니? 난 새가 이렇게 작은 줄 몰랐어. 발 좀 봐 정말 작다."

연수는 주저하다가 새의 목 아래를 손가락 하나로 조심스럽게 쓰다듬었다. 한 번 두 번.

"너무 보드랍⋯⋯."

연수가 말을 채 끝내기도 전에 새의 가슴 부분이 살짝 들썩이는가 싶더니 곧 팔딱팔딱 뛰기 시작했다. 연수는 깜짝 놀라 손을 얼른 뒤로 뺐다. 청제도 숨이 멈추는 것 같았다. 새가 약간 움찔하더니 반짝하고 눈을 떴다. 새까만 보석이 영롱하게 빛난다 싶은 순간, 새가 포르륵 날아올랐다. 아직은 어지러운지 옆의 나뭇가지에 잠깐 앉았다가 다시 날아 눈앞에서 사라졌다. 연수가 가슴을 쓸어내리며 안도의 한숨을 길게 내쉬었다. 청제도 참았던 숨을 내쉬었다. 그러자 그때부터 몸 여기저기가 욱신거려 왔다. 그래도 남자 체면에 아픈 티를 낼 수는 없었다. 청제는 자전거를 일으켜 세웠다. 몰골이 말이 아니었다. 길에 있던 먼지를 다 뒤집어쓴 것처럼 먼지투성이에다가 뒷바퀴 쪽 장식물도 덜렁거렸다.

"연수야, 오늘은 자전거 못 탈 것 같아."

"그래 알았어. 자전거는 이상 없니?"

"잘 모르겠어. 괜찮을 거 같기도 하고 어쨌든 끌고 가야 할 거 같으니까 너 먼저 집에 가."

"그런 게 어딨어? 같이 왔으니 같이 가야지. 나도 걸어갈래."

둘은 자전거를 끌면서 나란히 걸었다.

"아까 그 참새 괜찮겠지?"

연수가 걱정스럽다는 듯 말했다.

"연수야. 그거 참새 아니고, 붉은머리오목눈이야."

청제는 얼굴 어딘가가 따끔거려 눈을 찡그리며 말했다.

"아 그래? 그리고 보니 머리 부분이 약간 불그스름했어. 그리고 눈이 어쩜 그렇게 작고 예쁘니? 작은데도 굉장히 깊고 그러면서도 참

맑더라."

제 감동에 취해서 말하던 연수가 갑자기 걸음을 멈추고 청제를 바라보았다.

"넌 새 이름을 잘 아는구나. 난 주변에 보이는 새는 다 참새인 줄 알았는데."

청제는 연수의 칭찬이 싫지 않았다. 괜히 어깨가 으쓱해지는 것 같았다.

"어른들은 뱁새라고도 해."

"황새 쫓아가려다 가랑이 찢어진다는 그 뱁새?"

"응."

청제가 고개를 끄덕였다.

"그럼, 황새는 뱁새보다 얼마나 큰데?"

연수가 다시 걸음을 옮겼다.

"무지무지 커. 한 이 정도?"

청제는 신이 나서 제 가슴 부분을 가리켰다. 청제의 말에 연수가 이상하다는 듯 고개를 갸웃거렸다.

"내 생각에 뱁새들은 황새걸음을 쫓아가려고 하지 않을 것 같아. 자기들 걸음이 있는데. 고 작은 발로 걷는 걸음이 얼마나 예쁠까?"

연수가 종종종 걷는 시늉을 했다. '연수는 걷는 모습도 귀엽네.' 청제는 자신도 모르게 속으로 혼잣말하다가 깜짝 놀라 괜히 얼굴이 달아올랐다.

"청제야, 우리 친친 할래?"

"그게 뭔데?"

"사실 내가 만든 말인데 친한 친구를 줄인 말이야."

'앗싸!' 청제는 속으로 환호성을 질렀다. 이거야말로 연수를 처음 봤을 때부터 바라던 일 아닌가 말이다. 오 학년이 되고 처음 등교한 날부터 청제는 연수와 친하게 지내고 싶었다. 하지만 그게 생각처럼 쉬운 일이 아니었다. 까딱 잘못했다가는 '누가 누구를 좋아한다.'는 반 친구들의 놀림감이 되기 십상이었다.

"원래는 우리 둘 다 최대로 높이 뛴 상태에서 손바닥을 마주치는 걸로 친친이 되는 건데 지금은 네가 아픈 것 같으니까 그냥 손바닥만 부딪히자."

연수가 오른손을 들었다. 청제도 오른손을 들어 서로 손바닥을 마주쳤다. '짝'하고 경쾌한 소리가 났다.

"윽!"

청제는 자신도 모르게 비명이 나왔다.

"많이 아파?"

연수가 깜짝 놀라며 물었다.

"아니!"

청제는 고개까지 저으며 아프지 않다고 말했다. 연수와 친친이 되기 위한 의식이라는데 이까짓 아픔쯤은 아무것도 아니었다. 그리고 정말 아프지 않은 것도 같았다.

"하하하"

 청제가 소리 내어 유쾌하게 웃었다. 연수도 따라 웃었다. 어느새 바람이 두 사람 사이로 비집고 들어왔다. 청제의 얼굴을 쓰다듬고 연수의 머리카락을 흔들다가 자전거를 간질였다. 결국 간지럼을 참지 못하고 자전거가 달달달 웃었다.

붉은머리오목눈이

참새와 함께 우리나라에서 가장 흔하게 볼 수 있는 텃새이며 총길이가 약 13cm정도 밖에 되지 않는 작은 새이다. 주로 덤불이나 잡초가 무성한 풀숲, 관목이 많은 공원에서 살아가며 20~50 마리씩 무리생활한다. 붉은머리오목눈이는 목적지로 이동할 때 한번에 날아가지 않고 징검다리 건너듯 중간중간 나뭇가지에 잠깐 앉았다가 날아간다. 꼭 조별로 이동하는 것처럼 몇마리씩 차례차례로 움직이며, 작고 동그랗고 까만 눈이 정말 사랑스러운 새이다.

2. 아름다움의 이유

"가관이다."

현관문을 나서자마자 더 이상은 참을 수 없다는 듯 은제가 말했다. 청제는 아무 대꾸도 할 수 없었다. 자신이 보기에도 은제 누나 말대로 '가관'이기 때문이었다. 자고 일어나니 몸 여기저기가 아팠다. 심하게 다친 곳은 없는데도 움직일 때마다 신음 소리가 절로 나왔다. 얼굴은 꼭 고양이에게 할퀸 것 같은 자국들이 있고 오른쪽 눈 밑 광대 부분은 퍼렇게 멍이 들어 있었다. 게다가 윗입술이 부어올라 얼굴이 더 이상해 보였다.

할머니의 성화로 청제는 어제 아빠와 함께 병원에 다녀왔다. 다행히 뼈에는 아무 이상이 없었다. 하지만 앞으로 당분간은 자전거를 탈 수 없게 되었다. 병원에서 돌아오는 길에 아빠는 '자전거 금지령'을 내렸다. 속상하지만 어쩔 수 없었다. 적어도 한 달간은 자전거를 탈 수 없을 것이었다. 아빠는 청제가 원하는 대로 다 해주시지만 안전하지 않은 일은 절대로 허락하지 않으셨다. 그건 은제에게도 마찬가지로 적용되는 규칙이었다.

"너 당분간 자전거 못 타지?"

은제가 청제에게 물었다. 청제는 말없이 고개만 끄덕였다. 저절로 어깨가 처졌다.

"이청제! 솔직히 말해봐. 너 또 급회전하다가 넘어진 거지? 그치? 그거 위험하다고 아빠가 하지 말랬잖아."

은제가 걸음을 멈추고 탐정이라도 된 양 청제의 얼굴을 살폈다.

"그런 거 아냐! 누나는 알지도 못하면서."

청제는 속으로 뜨끔했다. 그래서 필요 이상으로 목소리가 높아졌다.

"아니면 그만이지 왜 소리는 지르고 그래? 너 아무래도 수상해."

은제가 청제에게 얼굴을 바짝 들이댔다.

"수상하긴 뭐가 수상해? 빨리 가기나 해! 누나, 이러다가 버스 놓친다."

청제는 은제의 등을 떠밀었다. 올해 은제는 중학교 최고 학년이 되었다. 제법 상급생 티가 났다. 통학버스를 타야 하는 은제는 버스 정류장으로 향하면서도 의심의 눈초리를 거두지 않았다.

청제는 은제와 헤어져 걸음을 재촉했다. 얼마 가지 않아 갈림길이

나왔다. 청제는 왼쪽 길로 접어들었다. 학교까지의 거리는 더 멀지만 청제는 이 길로 다니길 좋아했다. 탱자나무집 때문이었다. 정확히 말하면 탱자나무로 울타리가 쳐진 집이었다. 육중한 나무 대문을 가운데 두고 그 대문의 양옆으로 울창한 탱자나무가 담처럼 둘러 쳐져 있었다. 청제는 이 집이 동화 속에 나오는 마법의 성 같다고 생각하곤 했다. 그건 탱자나무의 진 초록색 가시 때문이었다. 가시가 어찌나 짙푸르고 싱싱한지 혹시라도 가시에 찔리면 어떤 마법에 걸릴지도 모른다는 생각이 들 정도였다. 사실 청제는 이 집의 주인을 한 번도 제대로 본 적이 없었다. 그냥 들리는 말로는 굉장히 무서운 할아버지가 무지 착한 할머니랑 살고 있다고 했다. 그 소문은 언제나 닫혀 있는 대문 너머의 울창한 나무들과 색이 바래긴 했지만 빨간색 뾰족 지붕과 어우러져 아이들로 하여금 궁금증과 호기심을 불러일으켰다. 은제 누나가 집주인이 싫어할 거라고 하지 말라고 했지만 청제는 까치발로 서서 집안을 기웃거렸다.

"휘잇 휘잇."

어디선가 새소리가 들려왔다. 청제는 소리의 주인을 찾아 두리번거렸다.

"이청제! 너 여기서 뭐 하냐?"

누군가 청제의 어깨를 툭 쳤다.

"윽! 쉿!"

청제는 비명을 삼키면서도 본능적으로 손가락을 제 입에 갖다 댄 채 뒤돌아 보았다. 같은 반 친구 동호였다.

"엉? 너 꼴이 왜 이러냐? 눈탱이가 밤탱이다. 입술도 완전 도널드 덕이네."

동호는 청제의 손동작에 소리를 낮추면서도 입술을 앞으로 쭉 내밀어 오리 입을 하며 말했다.

"응 좀 다쳤어."

청제는 여전히 새를 찾느라 건성으로 대답했다. 울타리 아래쪽의 나무들 틈으로 안을 들여다보느라 엉덩이를 뒤로 쭉 뺀 채 엉거주춤한 자세가 되었다. 드디어 찾았다! 청제를 따라 자세를 낮춘 채 목을 빼고 있는 동호에게 청제가 손가락으로 한곳을 가리켰다.

"딱새야."

청제가 동호에게 속삭였다. 새는 마침 햇빛을 받아 가슴 부분이 밝게 빛났다.

"야! 꼭 조그만 해가 뜬 것 같다."

동호가 금세 입술을 풀며 감탄을 했다. 새는 키 작은 나뭇가지에 앉아 꼬리를 까딱까딱했다.

"그만 가자. 더 있다간 지각할지도 몰라."

청제가 먼저 일어섰다. 동호는 아쉬운지 '잠깐만'을 몇 번 말하더니 결국 어쩔 수 없이 청제를 따라 걸음을 옮겼다.

교실에 들어서자 청제는 연수 자리부터 보았다. 연수도 청제를 기다리고 있었던 것 같았다. 둘의 눈이 마주쳤다. 순간 연수의 눈이 동그랗게 커졌다. 소리 없이 입모양으로만 '괜찮아?'라고 물었다. 청제는 괜찮다는 의미로 웃어 보이고 자리에 가 앉았다. 쉬는 시간마다 반 친구들이 청제에게로 와서 왜 이렇게 다쳤냐고 물어댔다. 짓궂은 친구는 '푸르뎅뎅이'라며 놀리기도 했다. 수업이 다 끝나자 연수가 청제에게 쪼르르 왔다.

"청제야! 너 어디 청소지? 내가 얼른 교실 청소 끝내고 네 청소 도와줄게."

연수는 금방이라도 청제를 도울 것처럼 옷소매를 걷었다. 청제는 웃음이 났다. 교실 청소는 시간이 제일 많이 걸리는 곳이었다. 그러니 연수보다 청제가 먼저 끝날 것이기 때문이었다. 또 남자 체면에 제 일을 남에게 미룰 수는 없지 않은가. 그래도 기분은 좋았다.

"야! 송연수! 너 청소 안 해?"

반장이 연수를 불렀다. 연수가 어쩔 수 없다는 듯 의자를 들어 책상에 올리기 시작했다. 청제는 2학년 화장실 청소 담당이었다. 청제가 2학년이었을 때, 5학년 형과 누나들이 그랬던 것처럼 이젠 청제가 2학년을 돌보아주어야 하는 선배가 된 것이었다. 다행스럽게도 오늘 화장실은 깨끗한 편이었다. 물론 화장실 특유의 냄새는 여전히 났지만. 청제는 콧노래를 흥얼거리기 시작했다. 하기 싫어도 해야 하는 일을 할 때 청제가 써먹는 방법이었다. 먼저 고무장갑을 양손에 끼고 솔을 들었다.

"시~작!"

청제는 스스로에게 출발 신호를 주고 변기를 닦기 시작했다. 오늘이 금요일이니 이 화장실 청소도 마지막 날이었다. 다음 주면 청제가 좋아하는 실외 청소 담당으로 바뀔 것이다. 청제는 화장실 바닥까지 깨끗이 닦고 난 후 쓰레기통을 비웠다.

"휴우! 다 끝났다."

청제는 숨을 크게 내쉬었다. 날아갈 것 같은 기분이었다. 발걸음도 가볍게 교실로 향했다. 한참이 지나서야 연수와 교실을 나설 수 있었다.

"청제야 이거."

연수가 청제에게 무언가를 내밀었다.

"내가 특이하고 예쁜 거 모으는 게 취미거든. 봐봐. 이게 다 반창고인데 이건 아기공룡 만화가 그려진 거고 이건 오리. 맞다! 그 붉은머리오목눈이 새는 잘 살고 있을까?"

손안에 반창고를 하나하나 넘기던 연수는 오리 그림을 보자 그 새가 생각났다. 청제도 궁금하긴 마찬가지였다.

"날 이렇게 망쳐놨으니, 저라도 잘 살아야지, 안 그러면 진짜 나쁜 새지."

청제가 너스레를 떨었다.

"하하하! 그건 그래. 그런데 넌 정말 멍이 어쩜 그렇게 크게 들었니? 어제는 없었잖아."

연수가 소리 내어 웃으며 말했다. 청제는 무안함에 손바닥으로 얼굴을 문질렀다. 연수에겐 멋진 모습만 보여주고 싶었는데.

"이거 우리 친친된 기념선물이야. 상처 난 데 붙여."

연수가 청제 손에 반창고를 옮겨 놓았다. 청제는 보물이라도 되는 양 소중하게 두 손으로 받았다.

"청제야 난 우리 반장이랑 부반장이랑 조금 맘에 안 들어."

연수가 다시 걸음을 옮기며 조심스럽게 말을 꺼냈다.

"아니, 다 맘에 안 든다는 게 아니고 쪼금 아주 쪼금."

연수가 엄지와 검지 사이 빈 곳을 만든 후 최대로 좁혀 보이며 조금이라는 것을 강조했다. 청제가 왜 그러냐는 표정으로 연수를 쳐다보았다.

"오늘 세영이랑 은주가 청소를 안 하고 그냥 갔어. 그리고 동호도."

동호를 말하면서 연수는 청제의 눈치를 살폈다. 아마 청제가 동호랑 가까운 사이라는 걸 의식하였기 때문인 것 같았다.

"그런데 아까 반장이 선생님께 여자애들 이름만 대고 동호 이름은 말 안 하는 거 있지. 어제는 부반장이 여자애들은 쏙 빼고 남자애들만 이르고."

그건 사실이었다. 누가 먼저 시작했는지 몰라도 남자, 여자로 편이 갈려서는 대결하듯 서로를 헐뜯고 골리는 일들이 자주 일어났다.

"우리는 그러지 말자."

청제의 말에 연수가 오른손을 들어 손바닥을 폈다. 청제 말에 동의한다는 표시의 행동이었다. 청제가 그 손에 자기 손바닥을 마주쳤다. 두 사람의 얼굴에 같은 마음에서 오는 미소가 번졌다.

"참! 자전거는? 다 고쳤어?"

연수가 갑자기 생각났다는 듯 물었다.

"아빠가 고쳐 주실 거야. 그런데 나 당분간 자전거 못 타."

청제가 풀이 죽어 말했다.

"그럴거라 짐작했어. 아마 내가 다쳤으면 우리 엄마는."

연수는 생각하기도 싫다는 듯 도리질을 치며 말했다. 잠깐 둘 다 말이 없었다.

"뭐 자전거 못 탄다고 우리 사이에 달라지는 건 없잖아? 그것도 영원히가 아니고 당분간인데 뭐."

연수가 밝은 목소리로 말했다. 청제도 힘차게 고개를 끄덕였다.

연수와 헤어진 후 청제는 탱자나무집을 지나는 길로 들어섰다. 주머니에 손을 넣어 연수가 준 반창고를 만지작거렸다. 청제는 이 반창고를 절대 사용하지 않고 고이고이 모셔놓을 작정이었다. 청제도 연수에게 무언가 선물을 주고 싶었다. '연수는 무얼 주면 좋아할까?' 이건 아무래도 은제 누나의 도움을 받아야 할 것 같았다.

탱자나무집에 가까워졌을 때 청제는 자기 눈을 의심했다. 청소도 안 하고 도망쳤다는 동호가 그곳에 있기 때문이었다. 아침에 청제가 그랬던 것처럼 엉덩이를 뒤로 쭉 빼고 울타리 사이로 무언가를 열심히 쳐다보고 있는 것이 아닌가? 청제는 조용히 다가가 동호의 어깨를 툭 쳤다.

"어이쿠!"

깜짝 놀란 동호가 엉덩방아를 찧으며 주저앉았다. 청제를 확인한 동호는 다시 일어나 좀 전의 자세로 무언가를 찾아 두리번거렸다.

"너 땜에 새가 날아갔잖아!"

동호는 포기했다는 듯 땅바닥에 털썩 주저앉았다. 청제도 동호 옆에 앉았다.

"내가 새를 또 한 마리 발견했어."

동호가 의기양양해서 말했다.

"무슨 새?"

청제가 물었다.

"색깔이 낙엽처럼 흐린 갈색인데, 그래서 내가 처음엔 보고 있으면서도 새가 있는 줄 몰랐다니까. 그런데 꼬리 위쪽은 주황색이 쪼금 보였어. 아 맞다! 저 나뭇가지에 앉아서 꼬리를 까딱까딱하더라."

동호는 신이 나서 자랑했다.

"그게 딱새야."

"야 이청제! 너는 보는 새마다 다 딱새냐? 아침에 본 새랑은 완전히 달랐다니까."

동호는 청제가 답답하다는 듯 제 가슴을 쳤다.

"그러니까 그게 딱새 암컷이라고, 아침에 본건 딱새 수컷이고."

청제도 지지 않고 맞섰다.

"진짜? 아침에 본 그 해처럼 아름다운 새가 수컷이라고?"

동호가 믿을 수 없다는 듯 눈을 동그랗게 뜨고 청제에게 물었다.

"우리 아빠가 그러시는데 원래 짐승이고 사람이고 남자가 아름다운 거래."

청제는 목소리를 누그러뜨리며 말했다.

"무슨? 여자들이 화장하고 머리도 이렇게 꼬불꼬불하게 하고 그래서 여자들이 더 예쁘고 아름답고."

동호는 손가락으로 배배 꼬는 시늉까지 해 보이며 말했다.

"그러니까 그게 진짜 아름다운 건 꾸밀 필요가 없는 건데 그러니까……."

청제는 아빠한테 들은 말을 그대로 동호에게 전해주고 싶은데 그게 맘처럼 되지 않았다. 동호는 여전히 이해가 안 된다는 표정으로 청제의 다음 말을 기다렸다.

"아름다운 건 음, 음 맞다 타고나는 건데 그래서 남자들이 여자보다 힘이 더 센 거래."

"도대체 무슨 말인지 알아들을 수가 없네."

"그러니까 힘든 일이나 어려운 일은 우리 남자가 하는 거고. 그러니까 청소 같은 거 도망치지 말란말이야."

청제는 이제야 속이 시원해졌다. 어차피 아빠처럼 조리 있게 말하는 건 불가능했다.

"엉?"

동호가 어이없어하며 신음 같은 소리를 냈다. 이제 청제는 될 대로 돼라였다. 이미 시작한 말이니 동호가 싫어하더라도 할 말은 마저 해야 했다.

"사람은 누구나 잘못을 할 수 있는데 남자는 용기가 있어서 자기 잘못을 인정하고 고치고 그래서 아름답고."

청제는 또 말이 막혔다.

"내가 청소 안 하고 도망친 거 어떻게 알았어? 너 설마 벌써 선생님께 이른 거 아니지?"

동호가 다급하게 물었다. 금방 청제의 어깨라도 잡고 흔들 기세였다. 벌써 동호의 엉덩이가 들썩였다.

"아냐! 난 고자질 같은 거 안 해!"

청제가 강하게 부정하며 동호를 주저앉혔다.

"난 화장실 청소가 제일 싫단 말야, 그게 뭐냐? 갑갑하게 고무장갑 끼고 진짜 싫어."

동호는 고개까지 절레절레 흔들었다.

"난 따숙도 하기 싫단 말이야."

따숙이란 '따로 하는 숙제'를 줄인 말로 지각하거나 숙제를 안 해 왔거나 청소 안 하고 도망간 사람만 하는 특별 숙제였다.

"너 선생님께 나 이를 거야?"

동호가 청제에게 물었다.

"그건 아니지만 그치만 그냥 선생님께 솔직히 말씀드리면."

청제가 조심스럽게 말했다.

"내가 미쳤냐? 난 싫어! 그렇게 안 할래! 선생님이 어떤 따숙을 내 주실지도 모르고 아 싫어 싫어!"

동호가 고개를 숙였다가 위로 쳐들었다가 도리질을 치며 어쩔 줄 몰라 했다. 사실 선생님이 내주는 따숙은 종잡을 수가 없었다. 책이나 자습서를 보고 할 수 있는 숙제가 아니었다. 항상 아무도 예상할 수 없는 숙제라는 것만 분명했다.

"청제야 그냥 모르는 척해주면 안 될까?"

동호가 애원하는 투로 말했다.

"그게 그러니까."

청제는 뭐라고 말해야 할지 몰라 말을 잇지 못했다. 사실 동호 맘도 충분히 이해가 갔다.

"……."

동호도 고개를 숙인 채 아무 말도 하지 않았다.

"거기 누구냐?"

그때 카랑카랑한 할아버지 목소리가 들려왔다. 청제와 동호는 깜짝 놀라 벌떡 일어섰다. 보지 않아도 그 무섭다는 할아버지라는 것을 알 수 있었다. 둘은 '걸음아 날 살려라' 하고 잽싸게 달리기 시작했다. 짙푸른 탱자나무 가시마다 봄 햇살이 밝게 빛나고 있었다.

딱새

몸길이는 14cm 정도에 몸무게는 약 18g이다.

텃새이며 산지나 평지 숲 또는 농경지 강가의 잡목 숲에서 산다. 인가 근처나 시가지 공원에서도 쉽게 볼 수 있다. 수컷은 가슴부위가 짙은 주황색이고 얼굴은 검은색이다. 머리는 옅은 회색이고 등과 날개는 흑갈색이다. 날개에 흰색 반점이 있다. 이에 비해 암컷은 머리부터 목덜미까지 전체적으로 황갈색이며 날개와 꼬리는 짙은 갈색을 띤다. '딱딱' 소리를 내며 울어서 딱새라는 이름으로 불린다는 이야기도 전해진다. 나뭇가지에 앉아 있을 때 꼬리를 아래위로 까딱거리는 모습을 볼 수 있다.

3. 그리움은 바람을 타고

"누나! 누나아!"

현관문 밖에서 다급히 은제를 부르는 청제 목소리가 들려왔다. 이내 현관문이 벌컥 열리더니 고꾸라질 듯 청제가 들어섰다.

"헉, 헉 누나, 쌍안경 헉헉!"

청제는 가쁜 숨을 몰아쉬느라 말을 잇지 못했다. 은제는 단박에 청제가 하려는 말을 알아들었다. 청제가 쌍안경을 말한다는 것은 새의 둥지를 찾았다는 뜻이다. 둥지 발견은 쉽지 않은 일이었다. 새들이 워낙 잘 보이지 않는 곳에 둥지를 틀기 때문이었다. 그걸 저 천방지축 청제가 발견했다는 것이다. 은제는 재빠르게 서재로 가 새 도감을 꺼내고 망원경도 챙겼다.

"누나, 빨리빨리!"

청제가 재촉했다.

"빨리하고 있잖아. 어디야?"

은제는 망원경을 청제에게 건네고 운동화를 급하게 신었다.

"거기 그 집 있잖아 누나가 담이 예쁘다고 말했던 집 말야"

청제는 벌써 몸을 돌려 한쪽 어깨로 현관문을 밀고 있었다.

"내가 거기 지나오는데 그 집 앞에 있는 나무 있잖아."

청제는 뛰기 시작했다.

"벽오동 나무 말하는 거야?"

은제도 덩달아 뛰면서 말했다.

"응. 그 나무…구멍으로…새가…쏙 들어…"

청제가 은제를 돌아볼 때만 들리는 말들도 뚝뚝 끊겨서는 바람 속으로 사라져갔다. 얼마나 뛰었던지 목적지에 도착했을 땐 둘 다 숨을 가쁘게 몰아쉬었다.

"누나 저기!"

청제가 여봐란듯이 자랑스러운 표정으로 손가락을 들어 가리킨 곳에 벽오동 나무 세 그루가 조르르 한 줄로 서 있었다. 그 중 첫 번째 나무의 줄기에 남자 어른 주먹만 한 크기의 구멍이 뚫려 있었다. 달걀 모양의 그 구멍은 청제 키의 두 배가 훨씬 넘는 높이에 자리하고 있었다.

"누나! 어떤 새의 둥지일까?"

어느 정도 호흡이 가라앉은 청제가 망원경을 눈에 댄 채 물었다.

"글쎄, 저렇게 나무에 구멍을 낸 걸 보면 딱따구리 종류일 것 같아, 아니면 딱따구리가 썼던 둥지를 다른 새가 재활용하는 것일 수도 있고."

은제가 주변을 두리번거리며 답했다.

"역시."

은제는 혼잣말을 했다. 길 건너 전깃줄에 앉아있는 새가 보였다. 아까부터 귀를 거슬리는 울음소리의 주인이었다.

"청제야 망원경 이리 줘."

은제는 망원경을 눈에 대고 전깃줄의 새에게 초점을 맞추었다.

"찌르레기네."

"어디 어디? 누나 나 좀 보여줘."

청제는 빼앗듯이 망원경을 가로채서는 얼른 눈으로 가져갔다.

"부리가 노랗지? 발도 노랗고?"

"응. 응. 노래, 샛노래."

은제의 설명에 청제가 고개까지 끄덕이며 답했다.

"머리는 까맣잖아. 가슴 부분도 검고. 찌르레기 수컷이야."

"그렇구나. 난 찌르레기 처음 봐. 누나 정말 멋지다."

청제는 망원경에서 눈을 떼지 못했다.

"그런데 누나. 찌르레기는 원래 울음소리가 이래? 크아앗, 크아앗! 꼭 화난 까치 소리 같아."

청제는 목까지 길게 빼며 소리를 흉내 냈다. 그 모습이 우스워서

은제는 소리 내어 웃었다.
"나도 들어 본 적이 없어서 잘 모르겠어. 하지만 내 생각엔 저건 경계음 같아. 둥지 주변에 위험한 사람이 있으니 조심하라고 아기 새들에게 알려 주는 게 아닐까?"

"그럼, 둥지 안에 아기 새가 있는 거야?"

"그런 것 같아. 그러니까 청제야 우리 저 느티나무 뒤로 가서 관찰하자."

은제가 청제 손을 잡고 아름드리 느티나무 뒤로 갔다. 청제는 땅바닥에 철퍼덕 주저앉더니 은제에게 새 도감을 달라고 해서 책을 뒤적였다.

"여기 있다! 누나! 찌르레기는 찌르, 찌르레 운대."

"쉿!"

나무 둥치에 몸을 기댄 채 망원경을 들여다보던 은제가 조용하지만 단호하게 말했다. 청제는 숨을 죽인 채 조용히 있었다.

"지금 엄마 찌르레기가 왔어, 입에 먹이를 물고 왔거든 청제야 너도 봐봐."

은제가 청제에게 자리를 내주고 망원경도 건네주었다.

"어디? 어디?"

"구멍 위에 왼쪽으로 뻗은 가지 있지?"

"응"

"그 가지 끝에 앉아 있어."

둘은 속삭이듯 대화를 했다.

"보인다!"

청제가 망원경으로 보니 어미 찌르레기가 마치 바로 눈앞에 앉아 있는 것 같았다. 연두색 애벌레를 입에 문 채 좌우를 살피는지 고개를 이리저리 돌렸다.

"누나. 왜 빨리 둥지로 들어가지 않는 거야?"

"혹시 주변에 천적이 없나 경계하느라고 그러는 거야. 둥지가 천적에게 발각되면 아기 새들이 위험해지거든."

은제의 설명이 끝나기를 기다리기라도 한 것처럼 찌르레기가 둥지로 쏙 들어갔다. 잠시 후 입에 무언가를 물고 나와서는 둥지 입구에 잠깐 앉는가 싶더니 이내 날아가 버렸다.

"누나. 엄마 새가 뭘 물고 나왔어."

청제가 망원경을 눈에서 떼며 말했다.

"아기 새 똥을 치우는 걸 거야"

은제가 태연하게 말했다.

"똥? 똥을 입에 물었다고? 아 더러워!"

청제가 호들갑을 떨었다.

"그러니까 엄마 새지, 둥지 속이 더러워지면 안 되잖아. 또 아기 새들이 깨끗하게 커야 병에 걸리지 않으니까 똥을 치우는 거야. 그런데 새는 손이 없잖아? 그래서 입으로 물어 나르는 거고."

은제가 차근차근 설명하자 청제는 자신의 호들갑이 무안해져 괜히 뒷머리만 긁적였다.

"그리고 이청제! 아기 새 똥은 네 똥보다 깨끗하거든."

은제가 장난스럽게 말했다.

"뭐? 누나가 내 똥 봤어?"

청제가 억울하다는 듯 목소리가 커졌다. 은제가 '쿡'하고 웃음을 터트렸다. 청제도 말해놓고 보니 웃음이 났다. 어디선가 바람이 불어왔다. 은제의 머리카락을 쓰다듬고 햇살을 흔들어 나무들을 춤추게 했다. 청제 얼굴에 드리운 나뭇잎 그림자가 아기의 얼굴을 보듬는 엄마의 손 모양을 닮아 있었다.

삼십여 분이 지났을까? 청제와 장난을 치면서도 둥지 쪽을 계속 살피던 은제가 말없이 제 입술에 손가락을 갖다 댔다. 청제에게 조용히 하라는 신호였다. 청제도 은제의 뜻을 이해하고 입 모양으로만 '왔어?' 하고 물었다. 은제는 고개를 끄덕여 보이고는 두 주먹을 동그랗게 말아서 눈에 대는 시늉을 했다. 청제에게 망원경을 보라는 뜻이었다. 그러고는 아까처럼 자리를 내주었다. 청제는 숨소리조차 줄이며 은제가 가리키는 곳을 보았다. 어미 찌르레기가 처음보다 더 위쪽 가지에 앉았다가 잠시 후 아래쪽 가지로 내려왔다. 여전히 고개를 이리저리 돌리며 주변 경계를 늦추지 않았다. 이번에도 입에는 먹이를 물고 있었는데 다른 애벌레인지 색깔이 흙빛에 가까웠다. 자세히 보니 작은 곤충 여러 마리를 한입에 물고 있었다. 아마도 아기 새가 적어도 네댓 마리는 되는 것 같았다. 한참을 앉아있던 어미 새가 한순간 재빠르게 둥지로 쏙 들어갔다. 청제는 얼른 은제에게 망원경을 건넸다. 어미 새가 똥을 물고 나오는 모습을 은제 누나에게도 보여 주고 싶었기 때문이었다. 은제가 망원경으로 둥지에 초점을 맞추자마자 어미 새가 둥지 밖으로 나왔다. 물론 주둥이에는 아기 새의 똥을 물고 있었고 곧바로 날아갔다.

"봐 청제 똥보다 훨씬 깨끗하네! 뽀얀 게 꼭 자그마한 사탕 같잖아."

은제 말에 청제는 입만 내밀뿐 아무 말도 하지 않았다. 은제는 망원경을 청제에게 주고 바닥에 놓여 있는 새 도감을 주워 들었다.

"청제야 인제 그만 집에 가자. 할머니 밭에서 오실시간 다 됐어. 우리, 말도 안 하고 왔잖아. 이 둥지는 시간 날 때마다 관찰하기로 하자."

청제가 고개를 끄덕였다. 은제는 청제를 돌려세워 바지를 털어 주었다. 아까 땅바닥에 앉았을 때 묻은 먼지가 그대로 있었다.

"탁 탁 탁."

먼지가 흩어져 바람을 타고 사라져 갔다.

"그런데 누나."

청제가 말을 시작해 놓고 잠시 머뭇거렸다. 앞서 걸어가던 은제가 뒤돌아보았다. 아직 가시지 않은 멍 자국이 청제의 얼굴에 그림자처럼 그늘져 보였다.

"내가 어렸을 때 그러니까 아기였을 때 우리 엄마도 내 똥을 다 치워줬어?"

마늘을 먹었을 때처럼 알싸한 기운이 은제 마음을 파고들었다. 청제가 엄마 이야기를 물어볼 때마다 은제는 답을 모르는 문제를 풀 때처럼 힘들었다. 이럴 땐 자신이 누나라는 것이 싫었다. 일찍 돌아가신 엄마가 원망스럽기도 했다. 어색한 침묵이 흘렀다. 은제는 용기를 내야 한다고 생각했다.

"당연하지, 엄마는 우리 청제 똥은 냄새도 안 난다고 하셨어. 내가 옆에서 다 봤어."

사실 은제는 청제가 아기였을 때의 기억이 잘 나지 않았다. 그땐 은제도 어렸으니까. 그런데 이렇게 말하고 나니 은제 자신이 정말 그런 말을 들었던 것처럼 느껴졌다. 엄마는 분명 그렇게 말했을 거라는 확신까지 들 정도였다.

"진짜야?"

청제가 못 믿겠다는 듯 말하면서도 표정은 한결 밝아져 있었다.

"그럼!"

"그런데, 그때 엄마가 콧노래도 흥얼거렸어?"

혹시 엄마도 자신처럼 하기 싫은 일이지만 해야 하니까 억지로 한 것은 아닐까 싶어 청제가 물었다. 은제의 답이 기다려지면서도 한편 듣고 싶지 않아 청제는 가슴이 두근거렸다. 은제는 재빠르게 생각을 굴렸다. 이제 와 거짓말이란 게 탄로 나고 싶지 않았다. '누구라도 냄새나는 똥을 치우면서 노래하진 않겠지.' 은제는 결정을 내렸다.

"아니, 엄마는 콧노래는 안 부르셨어."

은제는 긴장된 얼굴로 청제를 바라보며 말했다.

"정말? 정말이지, 누나?"

청제의 얼굴이 환해졌다. 은제는 의아하면서도 청제가 좋아하는 모습을 보고 안도의 한숨이 절로 나왔다. 청제가 눈치챌까 봐 은제는 괜히 마른기침을 했다. 다행히 청제는 모르는 것 같았다. 은제는 청제의 손을 꼭 잡았다. 그리고 행진하듯 앞뒤로 세차게 손을 흔들었다. 길가의 나무들도 초록 잎을 흔들었다. 바람이 은제의 어깨를 부드럽게 어루만지고 지나갔다.

찌르레기

대체로 회색을 띤 검은색인데 얼굴과 눈 주위에 하얀 깃털이 돋아난 모습이 귀엽다. 숲 가장자리나 공원에서 쉽게 흔히 볼 수 있으며 식물의 열매나 지렁이 또는 작은 곤충을 먹는다. 찌르찌르릇 하고 울어서 이름이 찌르레기이다. 하지만 새끼들을 위협하는 적이 다가올 땐 '킷킷킷' 하고 날카로운 소리를 낸다. 전깃줄에 앉아있는 모습을 보면 발과 부리가 노란색이어서 눈에 잘 들어온다.

4. 오해

청제는 평소보다 일찍 등교했다. 은제가 현장 체험 학습을 가게 되어 온 식구의 기상 시간이 당겨졌기 때문이었다. 꿀맛 같은 아침잠을 설친 건 아쉬웠지만 좋은 점도 있었다. 덕분에 까먹고 있었던 서평 쓰기 숙제를 할 수 있었고 은제가 만든 삼각김밥도 두덩이나 얻었다. 삼각김밥은 청제가 가장 좋아하는 음식이다. 들기름과 깨소금을 넣어 밥을 비비고 할머니가 볶아 준 김치를 속에 채운 후 삼각형 모양의 틀에 넣어 다지면 완성이었다. 한 입 베어 물 때 김치가 씹히는 맛이란! 약간 매콤하고 살짝 달콤하면서 고소하고 아삭한 게 최고의 맛이다. 이 맛난 걸 연수와 함께 먹을 생각을 하니 가슴이 다 설레었다. 날아갈 것 같은 기분으로 교실 문을 열었다.

"이크!"

청제는 놀란 자라처럼 목이 움츠러들었다. 담임선생님이 교탁 앞에 앉아 있기 때문이었다. 예상치 못한 일이었다. 선생님은 대체로 자습 시간 중간에 한 번 다녀가는 게 다였는데. 어쩐지 교실 가까이 올 때까지도 떠드는 소리 하나 없이 조용하더라니.

"청제 왔니?"

선생님이 먼저 말을 건넸다.

"아, 안녕하세요?"

청제는 자신도 모르게 말을 더듬었다.

"서평 쓰기 숙제 내야지."

그러고 보니 교탁에 공책 몇 권이 쌓여 있었다. 청제보다 일찍 등교한 친구들이 이미 제출한 것 같았다. 청제는 어깨가 저절로 펴졌다. 아침에 다 하지 않았던가 말이다. 오늘은 운이 좋은 날인 것 같았다. 숙제가 있는지도 몰랐다가 아이들이 숙제 어쩌고저쩌고하면 그제야 부랴부랴 해서 내느라 얼마나 애를 먹었던가. 만약 오늘도 그랬다면? 청제는 생각하기도 싫었다.

교실에 들어서는 아이마다 청제와 비슷했다. 교실 문을 열고, 깜짝 놀라고, 엉거주춤한 자세로 인사하고. 그때마다 자리에 앉아있는 아이들이 '와!'하고 웃음을 터트렸다. 등교하는 아이들이 많아지면서 교실 안은 조금씩 시끄러워졌다. 선생님은 숙제 검사를 하느라 그런지 크게 나무라진 않았다.

"이청제, 이리 나와 볼래?"

짝과 장난치다가 우연히 앞을 봤는데 선생님과 눈이 마주쳤다. 선생님은 마치 청제가 보기를 기다리기라도 한 것처럼 손짓까지 하며 청제를 불렀다. 청제가 자리에서 일어나 교탁 앞으로 가자, 선생님은 옆으로 가까이 오라고 했다.

"청제야 너 맞춤법이 많이 틀렸네."

선생님은 입을 손으로 가리고도 작은 소리로 말했다. 청제가 고개를 푹 숙였다. 청제는 맞춤법이 제일 자신 없었다. 은제에게 지청구를 들으면서도 잘 고쳐지지 않았다. 말로 하라면 잘할 수 있는데. 청제는 고개를 들어 연수를 바라보았다. 연수가 알면 창피한 일 이었다. 다행히 연수는 무언가를 쓰는 데 열중해 있었다. 그때 교실 뒷문이 열리면서 동호가 나타났다. 청제와 눈이 마주쳤다. 동호는 얼어붙은 듯 그 자리에 멈춰 섰다. 이내 시선을 떨구더니 힘없이 자신의 자리에 가서 앉았다. '동호가 숙제를 안 해 왔나?' 청제는 그 와중에도 동호가 걱정되었다. '오지랖도 넓으셔.' 은제의 비아냥이 들리는 것 같았다. 하긴 내가 지금 남 걱정할 처지가 아니지.

"그래서 말인데 선생님이 청제에게만 따로 숙제를 내줄까 해."

따숙, 결국 따숙이었다.

"선생님 그게 그러니까."

청제는 따숙은 싫다고 말하고 싶었다. 하지만 그것은 자신이 생각해도 염치없는 말이었다.

"어, 동호 왔구나. 거기다 놓고 들어가."

선생님 목소리가 갑자기 커졌다. 어느새 동호가 와 있었다. 동호는 공책을 교탁에 내려놓고 잠시 머뭇거리더니 곧 돌아섰다. 청제에게는 눈길 한 번 주지 않았다.

"일단 청제도 들어가거라. 자 얘들아! 수업 준비하자."

선생님의 말씀에 교실 안이 조용해졌다.

청제는 하루 종일 마음이 갈팡질팡했다. 연수랑 김밥 먹을 생각을 하면 한없이 즐거웠고 선생님이 내 줄 숙제를 생각하면 머리가 아팠다. 오늘 수업이 어떻게 끝났는지도 모를 지경이었다. 그러고 보면 따숙이 정말 싫다며 고개를 절레절레 흔들던 동호가 이해되었다. 마침 동호가 청제 앞을 지나갔다.

"동호야!"

청제가 불렀다. 동호는 못 들었는지 그냥 지나쳤다. 그런데 찬바람이 쌩하고 부는 것 같았다.

"야 강동호!"

청제는 뒤 쫓아가 복도에서 동호를 붙잡았다. 동호는 청제에게 붙잡힌 어깨의 반대쪽으로 고개를 돌린 채 아무 말도 하지 않았다. 지나가던 아이들이 무슨 일인가 하고 힐끔힐끔 쳐다보았다. 청제가 동호 어깨를 잡고 있던 손을 슬그머니 내렸다.

"너 무슨 일 있어?"

청제가 물어도 동호는 여전히 외면한 채 말이 없었다.

"야 이청제! 선생님께서 너 오라셔. 빨리 교무실로 가봐."

반장이었다. 교무실에서 오는지 공책을 한 아름 안고 있었다. 아침에 숙제로 제출했던 공책이었다.

"그럼 그렇지. 이 이중인격자."

동호가 그럴 줄 알았다는 표정으로 내뱉듯이 말하고 성큼성큼 가 버렸다. 청제는 머릿속이 하얘지는 느낌이었다. 동호가 한 말이 무슨 뜻인지 얼른 이해가 가지 않았다. 청제가 정신을 차렸을 땐 이미 동호는 보이지 않았다.

교문을 나서는 청제의 발걸음이 무거웠다. 선생님이 내준 숙제는 걱정했던 것만큼 어려운 것은 아니었다. 매일 동화책 한 쪽씩을 써서 선생님께 검사받는 것이었다. 청제가 당황했던 건 선생님이 아빠 휴대 전화 번호를 물어본 것이었다. 혹시라도 청제 맞춤법이 엉망이라고 아빠에게 이르려는 것일까 싶어 은근히 걱정되었다. 그러나 무엇보다도 신경 쓰이는 것은 동호의 말이었다. 아무리 생각해 보아도 왜 자신이 이중인격자인지 알 수가 없었다. 청제는 가슴이 답답하다 못해 나중엔 화가 났다. 마침 돌멩이 하나가 눈에 띄었다.

"에잇!"

청제는 있는 힘껏 돌멩이를 걷어찼다.

"어이쿠!"

너무 욕심을 부렸던가. 차올린 다리의 높이를 나머지 다리가 지탱

하지 못하면서 몸이 균형을 잃고 넘어졌다. 엉덩방아를 심하게 찧었다. 청제는 얼른 주변을 둘러보았다. 다행히 아무도 없었다. 저만치 탱자나무집이 보였다. 청제는 아예 뒤로 벌렁 드러누웠다. 등에 메고 있었던 책가방이 두툼한 깔개가 돼 주었다. 멀지 않은 곳에 잘 자란 소나무들이 눈에 들어왔다. 힘차게 뻗어 올라간 줄기를 따라 시선을 옮기니 거기 파란 물감으로 그린 것 같은 봄 하늘이 펼쳐져 있었다. 얇고 부드러운 비단 같은 흰 구름이 천천히 그 위를 흐르고 있었다. 꼭 상처받은 청제의 가슴을 쓸어주는 것 같았다. 청제는 눈을 감았다.

"츠츠비 시치비비비이."

새소리가 들렸다. 맑고 고운 소리가 듣기에 좋았다. 마음속 근심 따위는 다 잊으라고 말하는 것 같았다.

"어떤 새일까?"

청제가 눈을 떠보니 소나무 가지에 앉아 몸을 재게 놀리고 있는 박새들이 눈에 들어왔다. 화선지에 먹으로 넥타이를 그려놓은 것처럼, 하얀 깃털로 뒤덮인 배 부분에 검은 선이 분명했다.

"어 박새네."

청제는 신기했다. 박새는 청제도 여러 번 보았다. 흔한 텃새여서 조금만 관심을 두고 주변을 둘러보면 언제든 만날 수 있는 새였다. 그런데 한 번도 박새 소리가 이렇게 아름답게 들린 적은 없었다.

"쇠박새인가, 아님 진박새인가?"

청제는 갑자기 헷갈렸다. 언젠가 은제가 박새 종류의 새를 구별하는 요령을 설명해 준 적이 있었다. 부리 아래 멱 부분에 앙증맞은 검은 점이 있으면 쇠박새이고 머리 뒷부분에 멋진 깃털이 있으면 진박새, 넥타이를 맨 것 같은 검은 선이 있으면 그냥 박새라고 했던 거 같은데. 그럼 박새가 틀림없다. '아 박새 노랫 소리가 이렇구나.' 청제는 새로운 발견을 한 것 같아 기분이 좋았다. 마음이 가벼워지니 배가 고파졌다.

"아, 삼각김밥!"

그제야 김밥 생각이 났다. 벌떡 일어나 가방을 열었다. 비닐봉지에 담아두었던 삼각김밥은 납작하게 눌려 있었다. 깔고 누웠을 때 눌린 모양이었다. 그러고 보니 정작 연수에겐 김밥 얘기는 꺼내지도 못했다. 그렇다고 이 모양이 돼버린 김밥을 연수에게 줄 수는 없었다. 속상했다. 분명 연수도 좋아했을 텐데.

"어쩔 수 없지, 뭐."

청제는 한 입 크게 베어 물었다. 찌그러지긴 했어도 꿀맛이었다. 아삭하고 씹히는 김치가 톡톡 터지면서 마른 입안을 적셨다.

"동호가 뭘 오해하고 있는 걸 거야."

청제는 혼잣말했다. 그런 다음 또 한입 베어 물었다.

"그래 오해."

김밥을 꼭꼭 씹으면서 고개까지 끄덕였다.

"김밥은 할머니한테 또 만들어 달라고 하면 되고."

입가에 붙은 밥알까지 떼서 입에 넣었다.

"오해는 풀면 돼."

청제는 스스로를 격려하듯 말했다.

"츠비 츠비 치비 치비."

네 말이 맞는다고 박새가 화답하는 것 같았다.

"그렇지?"

청제는 박새에게 말하며 웃었다. 청제는 김밥 한 덩이를 다 먹고 나서 자리에서 일어섰다. 배가 불렀다. 휘파람을 불 때처럼 입술을 오므려 소리를 내보았다.

"취비이 츠비 치비 치비이이."

박새랑 이야기를 나누고 싶었다. 왜 은제가 박새만 보면 이렇게 휘파람 소리를 내는지 알 것 같았다.

"진짜 새랑 이야기를 주고받을 수 있다면 얼마나 좋을까?"

청제는 목덜미가 아프도록 박새를 올려다보았다. 사실 박새들도 청제를 보고 있었다. 그리고 청제가 하는 말을 듣고 있었다. 청제는 몰랐겠지만.

박새

사람에 대한 경계심이 적은 편이며 도시에서도 쉽게 볼 수 있는 텃새이다. 수명이 대략 2~3년으로 매우 짧은 편이다. 2년째에 성조(어른 새)가 되며 5월과 6월에 두 차례 번식하는데 5~10마리의 많은 수의 새끼를 기른다. 흰색의 뺨이 예쁘고 등 부분의 깃털은 햇빛 아래에서 보면 노란색과 초록색으로 수채화처럼 아름답다.

5. 난 너에게 반했어

 점심을 먹은 후 축구하러 가자는 남자아이들을 뿌리치고 청제는 교실로 향했다. 급식실에서 교실까지의 거리는 그다지 멀지 않음에도 불구하고 청제의 콧등에 땀이 맺혔다. 여름이 성큼 다가온 것 같았다. 청제는 세수도 하고 양치도 할 겸 수돗가로 갔다.
 "어? 축구하러 안 갔어?"
 연수였다. 막 양치질을 끝내고 칫솔의 물기를 털고 있었다.
 "혹시 아직도 아픈 거야?"
 청제가 뭐라고 대꾸하기도 전에 연수의 손이 청제의 이마를 짚었다. 연수의 손바닥이 닿은 이마는 시원했지만, 청제의 얼굴은 화끈거렸다. 꼭 불에 덴 것처럼.
 "아니, 더워서 축구하러 안 갔어."

청제가 도리질을 쳤다. 그 바람에 연수의 손이 자연스럽게 청제의 이마에서 떨어졌다. 다행이다 싶으면서도 알 수 없는 아쉬움이 청제의 마음에 자리 잡았다.

"잘 됐다. 내가 너한테 보여줄 게 있어. 양치하고 교실로 와. 나 먼저 가 있을게."

연수가 말할 때마다 치아가 하얗게 빛났다. 청제가 고개를 끄덕였다. 연수가 수돗가를 떠나자, 청제는 세수를 시작했다. 여전히 얼굴이 화끈거리는 것 같아 연거푸 물을 끼얹었다. 양치질까지 하고 교실에 들어서자, 연수가 이리 오라는 손짓을 했다. 마침 연수 옆자리가 비어 있었다. 청제는 그 자리에 앉았다.

"청제야, 너 박새 본 적 있어?"

아름다운 비밀을 담은 눈은 빛이 나기 마련인가 보았다. 연수의 눈이 반짝반짝 빛났다.

"그럼. 참새만큼 흔한 새야."

청제는 새 이야기가 나오자 신이 났다.

"정말? 그럼 소리도 들어 봤어?"

"당연히 들어 봤지. 이따 집에 갈 때 같이 박새 보러 갈래?"

청제는 금방이라도 일어설 것처럼 엉덩이를 들썩였다.

"진짜? 그럼, 수업 끝나고 보러 가자. 한 번 확인해 봐야지."

연수는 굳은 결심이라도 하듯 말했다.

"뭘?"

청제가 물었다.

"있잖아, 우리 엄마가 그러시는데 박새들도 사람처럼 사투리를 쓴대. 그래서 지역마다 박새 소리가 조금씩 다르다는 거야."

연수는 자신이 말해놓고도 믿을 수 없다는 표정이었다. 놀라기는 청제도 마찬가지였다.

"어떤 대학 교수님이 그 내용으로 논문을 쓰셨대. 논문은 상상해서 꾸며 쓰는 게 아니래. 그 교수님이 여러 번 조사하고 지역마다 비교해서 알아낸 거래."

청제는 입이 떡 벌어졌다. 얼마 전 청제도 박새소리를 흉내 내며 말한 적이 있지 않았던가. 그건 박새가 제 말을 알아들을 거라 생각해서 그런 건 아니었다. 또 박새 소리는 그저 새소리일 뿐, 새들끼리 무슨 말을 주고받는 거라고는 생각해 보지 못했다. 그런데 우리 사람처럼 사투리를 쓴다니. 문득 연수가 쿡 하고 웃음을 터트렸다.

"사투리 하니까 생각난다. 나 처음 여기로 이사 왔을 때 정말 못 알아들은 말이 있었는데 그게 뭔지 알아?"

"뭔데?"

"기여라는 말. 내가 뭐라고 하면 애들이 기여? 기여? 그러는 거야. 무슨 뜻인지 몰라서 얼마나 당황했다고."

"기여?"

청제가 장난스럽게 대꾸했다. 그 얘긴 청제도 여러 사람에게 들었다. 다른 도시에 사는 친척들이 왔을 때 그게 무슨 뜻이냐고 묻곤 했다. 그건 '그래?'라고 되묻는 말이었다. 연수가 까르륵 웃었다.

"아참! 우리 저번에 붉은머리오목눈이 봤었잖아."

연수가 잊고 있었다는 듯 제 머리를 콩하고 치더니 책상 위에 책 한 권을 올려놓았다. 꽤 두꺼운 책이었다.

"아휴 무거워. 이 책 가져오느라고 어깨 빠지는 줄 알았어."

연수가 어깨를 두드리는 시늉을 했다.

"고 작은 새가 자기 몸보다 훨씬 큰 뻐꾸기 새끼를 키우는 거 있지."

연수가 책을 펼치고 책장을 한 장씩 넘겼다.

"뻐꾸기를?"

청제도 연수의 손을 따라 넘어가는 책장을 바라보며 말했다.

"응. 뻐꾸기는 자기 알을 몰래 붉은머리오목눈이 둥지에 낳는대. 그런데 붉은머리오목눈이는 그런지도 모르고 열심히 알을 품는대. 그러면 뻐꾸기알이 제일 먼저 부화해서는 어미가 주는 먹이도 제일 많이 받아먹고 빨리 자란다지. 그런 다음 진짜 주인인 붉은머리오목눈이 아기 새들을 둥지 밖으로 밀어낸대. 둥지를 혼자 독차지하는 거지. 아 여기 있다!"

연수가 펼쳐 놓은 곳에 큼지막한 사진이 시선을 끌었다. 아기 밥그릇보다 작은 둥지 안에 꽉 차도록 큰 새 한 마리가 입을 쩍 벌리고 있었다. 그리고 그 큰 입안에 붉은머리오목눈이 한 마리가 먹이를 넣어주고 있는 장면이었다. 얼핏 보면 둥지 안의 큰 새가 붉은머리오목눈이를 잡아먹기 직전인 것 같았다.

"어머! 징그러워라."

세영이었다. 언제 왔는지 책상에 두 손을 짚고 서서 책 속의 사진을 보고 있었다.

"어떻게 새가 새를 잡아먹니? 사람 잡아먹는 식인종처럼."

세영이는 차마 볼 수 없다는 듯 눈을 가리는 시늉을 했다.

"잡아먹는 거 아니거든. 먹이 주는 거야."

청제가 퉁명스럽게 말했다.

"어떻게 먹이를 받아먹는 새가 훨씬 크니? 그리고 이 입 좀 봐 빨간 게 정말 징그럽다."

세영이는 여전히 얼굴을 잔뜩 찡그리며 말했다.

"보기에 따라서는 그렇게 생각할 수도 있겠다."

연수가 세영이의 말을 인정해 주었다. 세영이는 어느새 책 속의 사진 옆에 쓰여 있는 설명글을 읽고 있었다.

"어머! 어떻게 이럴 수가 있니? 뻐꾸기는 진짜 얌체네. 그리고 뻐꾸기 새는 정말 나빴다. 이 작은 새 불, 붉은 머리 오목눈이? 새 이름이 뭐 이래? 아무튼 이 새는 또 왜 이렇게 멍청하니? 어떻게 자기 새인지 아닌지도 모르고 있는 힘껏 키울 수 있지?"

세영이는 막힘없이 말을 쏟아 놓았다. 청제는 세영이가 꼼짝 못 할 말로 제대로 반박하고 싶었다. 그러나 생각뿐 무슨 말을 어떻게 해야 할지 몰라 입을 다물고 있었다.

"그렇게만 볼 수는 없는 거래. 그건 우리 사람의 입장에서만 보니까 그런 거고, 자연 전체로 보면 단순히 좋다 나쁘다 이렇게 말할 수 없대."

연수가 설명하기 어렵다는 듯 조심스럽게 말했다.

"그런 게 어딨니? 나쁘면 나쁜 거지."

세영이가 숨도 쉬지 않고 바로 맞받아쳤다. 청제는 짜증이 났다. 연수와의 시간을 방해받는 것도 싫었고 특히 세영이의 말이 틀리지 않은 것 같아 더 짜증이 났다.

"그럼, 우리 사람도 나쁜 거네."

연수는 별 동요 없이 세영이에게 말했다.

"왜 사람이 나쁘다는 거니?"

세영이가 가슴 앞에 팔짱을 끼며 따지듯 물었다.

"오늘 우리 점심으로 닭강정 먹었잖아."

그랬다. 아이들에게 인기 있는 반찬이었다. 청제도 맛있게 먹었다.

"닭이 우리 땜에 죽었잖아. 그런데 우리는 아무렇지도 않게 먹잖아. 닭의 생명을."

"그거야 우리가 먹고 살아야 하니까 그렇지."

세영이가 연수의 말을 끊으며 가로채듯 말했다.

"그래 맞아. 뻐꾸기도 살아야 하니까 그런 거래."

이번엔 연수의 말이 끝나도 세영이는 잠자코 있었다. 아랫입술을 물었다가 입술을 실룩이다가를 반복하더니 내뱉듯 말했다.

"말도 안 돼."

세영이의 목소리에는 힘이 하나도 없었다. 청제는 소리 높여 만세라도 부르고 싶은 심정이었다. 새삼 연수와 친친인게 더 할 수 없이 자랑스러웠다.

"나 이 책 좀 빌려줄래?"

세영이는 자존심이 상했다. 이렇게 질 수는 없었다. 어떻게든 회복해야 했다.

"안 돼! 내가 빌리기로 했어."

청제는 자신도 예상 못 한 거짓말이 불쑥 튀어나왔다. 연수가 청제를 쳐다보았다. 연수의 눈이 왜 거짓말을 하냐고 나무라는 것 같았다.

"엄마한테 여쭤 봐야 해, 엄마 책이거든. 엄마가 허락하시면 너도 빌려줄게."

"그래."

연수의 말에 세영이가 순순히 대답하고 제자리로 돌아갔다. 잠시 청제와 연수 사이에 어색한 침묵이 흘렀다.

"오늘 이 책 빌려 간다고?"

연수가 무거운 분위기를 몰아내듯 장난스레 말했다.

"응 그럴 거야, 빌려 갈 거야. 네가 빌려만 준다면."

청제는 꼭 빌려 가겠다는 뜻으로 고개까지 끄덕이며 말했다.

"좋아. 그럼, 엄마한테는 내가 허락 맡을게."

연수 얼굴에 웃음이 번졌다.

"청제야. 난 새에게 반했어."

연수가 꿈꾸듯 말했다. 순간 청제의 가슴에서 '쿵'하는 소리가 났다. 그건 청제만 들을 수 있는 소리였다. 그리고 청제의 귓가에 어떤 속삭임이 메아리치는 것 같았다. 처음엔 작아서 무슨 소리인지 알 수 없었다. 그러나 이내 그 소리는 점점 더 또렷이 그리고 크게 울렸다.

"난 너에게 반했어."

처음엔 연수가 청제에게 하는 말인 것 같았는데 나중엔 청제가 연수에게 하는 말인 것 같았다. 아니 누가 누구에게 하는 말인지 알 수 없었다. 또 실제로는 아무도 하지 않은 말인 것도 같았다. 청제는 말없이 연수를 바라보았다. 연수의 눈이 아름답게 빛나고 있었다.

뻐꾸기

몸길이 32~36cm에 몸무게가 70~138g 으로 숲에서 사는 여름새이다.

'뻐꾹뻐꾹' 운다고 해서 뻐꾸기이다. 참새나 박새에 비해 뻐꾸기의 모습을 흔하게 볼 수는 없으나 울음소리가 큰 편이어서 여름철에 쉽게 들을 수 있다.

6. 아빠의 비밀

안개가 잔뜩 낀 것처럼 앞이 잘 보이지 않았다. 누군가 쓱 지나가는데 옆모습이 동호 같았다. 청제는 팔을 뻗어 동호를 잡으려고 했다. 그런데 갑자기 동호가 사라지고 그 바람에 몸이 앞으로 쏠렸다. 넘어지지 않으려고 얼른 한 발을 내디뎠다. 그런데 발에 땅이 닿지 않았다. 이럴 수가! 벼랑 끝에 서 있었던 것이다 몸이 빠르게 떨어지기 시작했다.

"으아악!"

청제는 비명을 지르다가 눈을 떴다. 야광별이 다닥다닥 붙은 천장이 눈에 들어왔다. 다행히 꿈이었다. 어찌나 아찔했던지 간이 콩알만 해진 것 같았다.

"휴우우."

청제는 가슴을 쓸어내렸다. 다시 자려고 해도 잠이 오지 않았다. 마침 오줌도 마려웠다. 청제는 이불 속을 빠져나와 욕실로 향했다. 오줌을 누고 나서 거울 속 자기 얼굴을 보았다. 이제 멍은 거의 보이지 않았다. 다음은 몸 구석구석을 살펴보았다. 꿈속 추락이 너무 생생해 몸 어딘가에 상처가 있을 것만 같았기 때문이었다. 다행히 아무런 이상이 없어 보였다. 청제는 세면대에 물을 받았다. 세수를 귀찮아해 겨우 눈곱 떼고 물만 묻히던 평소와는 달리 푸푸 소리를 내며 얼굴 전체를 박박 닦았다. 꿈을 털어내려는 듯이.

청제가 욕실에서 나와 깔개에 발의 물기를 문지르는데 아빠가 현관문을 열고 들어섰다.

"어 아들! 일찍 일어났네."

아빠가 대견해하며 말했다.

"아빠, 어디 갔다 와?"

"응, 옥상에."

아빠가 말끝을 흐렸다. 그런데도 목소리가 경쾌하게 들렸다. 싱그러운 아침 기운이 잘름잘름 거리는 것처럼.

"너 요즘도 뒤뜰에서 노니?"

갑자기 생각났다는 듯 아빠가 물었다.

"아니, 거기서 안 논 지 한참 됐는데 왜?"

"거기서 놀다가 옛날처럼 또 장독 깰까 봐 그러지."

아빠가 한쪽 눈을 찡긋하며 웃었다.

"아빠는 왜 옛날얘기를 꺼내고 그래? 그때 간장 쏟았다고 할머니한테 혼 난 거 생각하면 어휴."

청제가 고개를 절레절레 흔들었다.

"아빠가 바빠서 풀을 못 깎았더니 잡초가 많이 우거졌더라. 아빠가 깨끗하게 정리할 때까지는 거기 가지 말아라. 위험해, 알았지?"

아빠가 타이르듯 말했다.

"안가, 안 간다니까."

청제는 선서할 때처럼 오른손까지 들고 말했다.

"누나는 아직 안 일어났니?"

아빠의 말이 끝나기 무섭게 은제가 방문을 열고 나왔다. 은제는 잠이 덜 깬 얼굴로 기지개를 한껏 켰다.

"아빠, 수염 좀 깎아요. 아하암."

은제가 말끝에 하품을 했다.

"첫인사를 잔소리로 시작하기야?"

아빠가 슬쩍 답을 피하며 신문을 펼쳐 들었다.

"수염 깎아요. 네? 네?"

은제가 신문 위로 얼굴을 밀어 넣으며 졸랐다.

"허허."

아빠가 은제를 피해 돌아앉으며 너털웃음을 쳤다. 그건 은제 말을 듣지 않겠다는 의미였다.

"그리고 아빠 이 너덜너덜한 바지 좀 버려요. 네?"

은제가 무릎걸음으로 아빠를 쫓아가서는 다시 얼굴을 들이대며 말했다.
"허 참!"
아빠가 헛기침을 했다. 그건 그것만은 절대 하지 않겠다는 뜻이었다. 청제는 은제와 합세하기로 했다. 업히듯 아빠 등에 찰싹 달라붙으며 말했다.

"아빠, 누나 말대로 해. 수염도 깎고 멋진 옷 좀 입어 응?"

아빠는 이 난감한 상황을 벗어나기 위해 도움을 청하듯 주방 쪽에 대고 큰 소리로 말했다.

"어머니! 아침밥 멀었어요?"

"아직 멀었다. 은제야 니 애비 이발도 좀 하라고 혀라."

주방에서 나물을 무치던 할머니도 오히려 아이들 편을 들었다.

"윽, 어머니까지."

아빠가 가슴을 싸안으며 쓰러지는 시늉을 했다.

잇새에 낀 음식물처럼 동호의 말이 자꾸 마음에 거치적거렸다. 마음에 낀 오해를 확 빼주는 치실 같은 게 있으면 좋겠다고 청제는 생각했다. 학교에 와서 수업이 끝난 지금까지 청제는 어떻게든 동호와 이야기를 나누려고 애썼다. 그러나 동호는 번번이 청제를 피하며 만나주지 않았다. 청제는 맥이 다 빠졌다. 천천히 책상 위의 책들을 정리하고 그 위에 의자를 올려놓았다.

"청제야, 너 실외 청소지?"

누군가 뒤에서 청제의 어깨를 톡톡 두드리듯이 말했다. 돌아보니 세영이었다.

"나도 실외 청소야. 같이 가자."

'얘는 또 뭐람?' 청제는 뚱한 얼굴로 세영이를 쳐다보았다. 세영이는 별명이 도도 공주였다. 말 그대로 항상 도도한 표정에 공주처럼 굴어서 붙은 별명이었다. 세영이는 공부도 잘하고 얼굴도 예뻤다. 게다가 최신 유행하는 인기 가수들의 춤도 곧잘 추곤 했다. 그래서인지 친구들에게 인기가 많았다.

"원래는 과학실 청소인데 동호가 바꿔 달라고 애원하길래 바꿔 줬어."

청제는 세영이의 이런 말투가 맘에 들지 않았다. 언제나 자신이 손해를 보면서도 남을 위해 그렇게 한다는 듯한 말투 말이다.

"누가 물어봤나, 참 나."

청제는 돌아서며 혼잣말하듯 중얼거렸다.

"같이 가자니까."

세영이가 재촉했다. 청제는 이렇게까지 자신을 피하는 동호가 야속했다. 아무것도 모르면서 잘난척 하는 세영이는 더 미웠다. 청제가 마지못해 고개를 끄덕이자, 세영이는 먼저 교실을 나섰다.

"실외 청소를 하려면 집게를 가져가야 하는 건 기본 아냐? 그런 것도 모르면서 지가 무슨 도도 공주라고."

청제는 멍하니 세영이의 뒷모습을 바라보다가 혼잣말로 투덜거렸다.

"아차! 깜박했다. 청제야 집게!"

세영이가 갑자기 돌아서며 말했다. 청제는 '네 건 네가 가져가.'라고 말하고 싶은 걸 꾹 참았다. 그저 말없이 청소도구함으로 가서 집게를 두 개 꺼내 들었다.

세영이는 청소의 '청' 자도 모르는 것 같았다. 왼쪽이면 왼쪽 오른쪽이면 오른쪽, 한쪽을 맡아서 쓰레기를 주워야 하는데 세영이는 자꾸 청제 옆에만 붙어 다녔다.

"야 최세영! 나 따라다니지 말고 저쪽이든 이쪽이든 한쪽을 맡으라구!"

"어머! 왜 소리는 지르니? 네가 가는 곳마다 쓰레기가 많아서 그런 건데."

세영이가 깜짝 놀라며 말했다.

"좋아 그럼 네가 이쪽을 맡아, 나는 저쪽을 맡을 테니까."

청제는 세영이를 지나쳐서 성큼성큼 걸어갔다. 세영이는 입을 꼭 다물고 원망이 담긴 눈빛으로 청제가 하는 양을 지켜보았다. 그때였다. 바람처럼 날듯이 동호가 뛰어왔다. 신발도 바꿔 신지 못할 만큼 급했는지 실내화를 신은 채였다.

"아 이청제 내 진정한 친구. 진짜 친구."

동호는 감동한 표정으로 엄지손가락을 치켜세웠다. 가쁜 숨이 조금 가라앉자, 청제의 목을 끌어안았다.

"그게 무슨 소리야? 그리고 숨 막혀 이것 좀 놔."

청제가 동호의 팔을 풀어냈다.

"아 미안. 기분이 좋아서 나도 모르게 그만. 미안 미안. 청제야 미안."

동호는 팔을 풀더니 양팔을 넓게 펼쳐 다시 청제를 와락 끌어안

앉다.

"좋아. 그런데 너 도대체 왜 그런 거냐?"

청제는 동호를 겨우 떼어내고 따지듯 물었다. 오해가 풀린 것 같아 다행이다 싶어지자 서운함이 새롭게 피어올랐다.

"아차차!"

동호는 이마를 손바닥으로 '탁' 치더니 세영이에게 돌아섰다.

"세영아, 우리 청소 다시 바꾸자."

말없이 둘을 지켜보던 세영이는 기막혀했다.

"너 정말 이러기야? 네가 먼저 바꾸자고 한 거잖아. 그리고 벌써 이만큼이나 청소해 놨는데 인제 와서 다시 과학실 청소를 하라는 거야? 내가 바보니, 그런 손해나는 일을 하게?"

남의 뒤만 졸졸 따라다닌 것도 청소라고 생색내는 세영을 청제는 이해할 수 없었다. 그런데 더 이상한 것은 동호의 태도였다. 세영이에게 미안하다는 말을 연거푸 하면서 동호가 절절매는 것이었다.

"됐어. 최세영, 넌 그만 가. 실외도 과학실도 다 우리가 할게. 그럼 됐지?"

"아, 그런 방법이 있었구나! 그래 세영아 넌 청소 안 해도 돼. 나랑 청제랑 둘이서 다 할게."

동호가 살길을 찾았다는 듯 맞장구를 쳤다. 세영이는 말없이 동호를 노려보았다. 자기가 원하는 대로 다 해주었는데도 왜 세영이는 화를 내는 건지 청제는 이해할 수 없었다. 세영이가 들고 있던 집게를 바닥에 내팽개치더니 동호를 밀치고 가버렸다.

"세영아, 화 풀어! 내가 잘못했어, 응?"

세영이의 등 뒤에 대고 동호가 소리쳤다.

"네가 뭘 잘못했냐?"

청제가 동호를 돌려세웠다.

"세영이가 화났잖아."

동호는 여전히 세영이에게서 눈을 떼지 못하고 말했다.

"그러니까 네가 세영이한테 뭘 잘못 했냐구?"

청제가 다시 물었다.

"몰라. 그냥 세영이가 화내니까 내가 잘못한 거 같아서."

말끝에 동호 귀가 불그스름하게 물들었다.

"나 참 기가 막혀서."

청제는 어이가 없었다.

"이청제 너 고자질 안 했더라."

마지못해 세영이에게서 눈을 돌린 동호가 생각난 듯 말했다.

"고자질? 그럼, 너 내가 선생님께 고자질한 줄 알고 그런 거였어?"

청제의 목소리가 높아졌다. 동호는 무안함에 청제의 눈길을 슬쩍 피했다.

"내가 분명히 고자질 같은 거 안 한다고 했지?"

청제가 손으로 자신을 가리키며 말했다.

"네가 선생님이랑 귓속말하고 또 선생님이 너만 부르고 하니까 난 네가 내 얘기를 이른 줄 알았지."

동호는 말할수록 목소리가 작아지더니 마지막엔 모기소리만 해졌다.

"이중인격자라고 말한 거 취소해."

"취소, 취소. 이청제 이중인격자 아님 절대 아님, 됐지?"

동호가 얼른 말해놓고 청제의 눈치를 살폈다.

"처음이라 봐준다. 다시는 그런 말 함부로 하지 마. 알았어?"

"알았어. 다시는 안 그럴게. 그리고 오늘 내가 떡볶이 살게."

동호는 다시 기가 살아났다.

"좋아. 학교 앞 분식 가게 말고 읍내에서 사야 해."

"그래. 그 뚱뚱한 아줌마가 하는 데 말하는 거지?"

"응, 거기."

그동안의 맘고생이 다 씻겨 나가는 것 같아 청제는 기분이 좋아졌다.

"그런데 내가 고자질 안 한 건 어떻게 알았어?"

청제는 바닥에 있는 집게를 주워 동호에게 건넸다.

"오늘 수업이 끝나자마자 교무실로 달려갔어. 미리 자백하면 좀 낫지 않을까 싶어서."

동호가 집게를 받아서 들며 말했다.

"내가 무조건 잘못했습니다. 그랬더니 선생님께서 뭘? 그러시잖아."

"그래서?"

청제가 이야기를 재촉했다.

"저번 날에 청소 안 하고 도망 간 거요 그랬더니 선생님이 왜 그랬느냐 그럼 그 시간에 뭐 했냐고 물으시더라."

동호는 잠깐 말을 끊고 청제의 눈치를 살폈다. 청제는 계속 얘기하라는 듯 가만히 있었다.

"그래서 너랑 탱자나무집에서 딱새 봤다고 했더니."

또 동호가 말을 끊었다.

"그랬더니? 아 빨리 말해 강동호!"

청제가 답답해했다.

"솔직히 말해줘서 기특하다고 하시면서 그런데 따숙은 해야 한다고 그리고 그게 나중에 내 줄 건데 너랑 같이하는 거라고."

"뭐?"

청제가 벼락이라도 맞은 것처럼 소리쳤다. 그렇다, 그건 벼락이었다. 이미 하고 있는 따숙도 있는데 또 해야 하다니. 동호는 아무 말도 하지 못했다. 청제는 주먹으로 가슴을 치며 한숨만 쉴 뿐이었다.

오늘은 아무래도 운이 따르지 않는 날인 것 같았다. 부지런히 청소를 끝내고 시합하듯 달려간 떡볶이집은 문이 닫혀 있었다. 어쩔 수 없이 다음에 먹기로 하고 청제는 동호와 헤어져 집으로 향했다.

막 시장 골목을 벗어나 모퉁이를 돌자, 새 건물이 청제의 시선을 끌었다. 주변의 오래되고 낡은 시장건물과는 다르게 높다랗고 반짝 반짝 윤이 났다. 청제는 넓은 창문의 한 가게 안을 들여다봤다. 햇빛을 가리기 위해서인지 유리는 짙은 갈색이었다. 그래서 건물 안이 꼭 밤인 것 같았다. 커피 전문점이라고 쓰인 이 가게 안에는 손님이 많지 않았다. 대학생으로 보이는 남자 직원이 기다란 앞치마를 두른 채 쟁반을 들고 손님에게로 가는 모습이 보였다. 손님은 앞쪽 탁자에 앉은 한 쌍뿐이었는데 바로 그곳으로 커피를 가지고 가는 것 같았다.

탁자를 사이에 두고 마주 앉은 그 손님들은 남녀였는데, 오 이럴 수가! 청제는 제 눈을 비볐다. 청제에게 등을 보이고 앉은 사람은 얼굴을 볼 수는 없었지만 분명 여자였고 그 앞에 앉은 사람은 바로 아빠였다. 아침에 덥수룩하던 모습은 간 곳 없고 아빠는 말끔하기 이를 데 없었다. 수염은 없어졌고 이발했는지 머리는 단정했다. 아빠는 웬만해선 입지 않는 양복도 입고 있었다. 물론 여전히 넥타이는 매지 않았지만. 청제는 가슴이 쿵쾅거렸다. 진정하려고 해도 잘되지 않았다. 아니 그럴수록 더 크게 쿵쾅거리는 것 같았다. 보아서는 안 될 것을 본 것처럼 마음이 떨렸다.

뒷걸음질 치며 건물에서 멀어졌다. 보지 말아야지 하면서도 눈은 자꾸만 그곳을 향했다. 어색한 미소를 띤 아빠의 얼굴과 겹친 여자의 뒷모습이 돌아선 청제의 머릿속에 사진처럼 찍혀 사라지지 않았다. 청제는 뛰기 시작했다. 가슴이 터질 것만 같았다. 명치끝이 아팠다. 숨이 잘 쉬어지지 않았다. 그래도 뛰지 않으면 안 될 것 같아 멈출 수가 없었다.

집에 도착하자마자 청제는 은제의 방문을 열었다. 은제는 아직 학교에서 돌아오지 않았다. 청제는 다리에 힘이 풀려 서 있을 수가 없어 그 자리에 주저앉았다. 얼굴은 땀범벅이었고 마음은 불안으로 끈적거렸다. 은제를 기다리는 동안 시간이 너무 안 가서 청제는 미칠 것 같았다. 얼마나 기다렸을까, 드디어 은제가 왔다. 그런데 이상했다. 막상 은제를 보자, 청제는 아무 말도 할 수 없었다. 이 비밀을 털어놓으면 돌이킬 수 없는 일이 벌어질 것만 같아 청제는 더럭 겁이 났다.

"누나."

은제를 부르는데 청제는 목에서 무언가 뜨거운 게 올라오는 것 같았다.

"야 너 아직도 안 씻었어? 학교 갔다 오면 얼른 씻기부터 해야지."

은제가 양팔을 허리에 얹고 말했다.

"아빠는?"

"얘 좀 봐, 네가 먼저 집에 왔잖아."

은제가 이상하다는 듯 청제를 바라봤다.

"참 그랬지. 아 목마르다."

청제는 냉장고에서 물을 꺼내 벌컥벌컥 들이켰다. 갈증은 가시지 않고 물의 찬 기운만 청제의 몸속으로 스며들었다.

그날 밤 청제는 열이 많이 났다. 까무룩 잠이 들면 자꾸 높은 곳에서 떨어지는 꿈을 꿨다. 그 서슬에 놀라 잠이 깨면 토닥이는 할머니의 손길이 느껴졌다. '할머니 아빠는요? 아빠는 어디 갔어요?'라고 말하고 싶은데 입술만 실룩일 뿐 말이 나오지 않았다. 해열제를 먹은 때문인지 다시 금방 잠 속으로 몸이 빨려 들어갔다. 다음날 청제는 결국 학교에 가지 못했다.

며칠 뒤 청제의 몸은 나아졌다. 할머니는 청제가 크느라고 아픈 거라고 했다. 은제는 틈날 때마다 '이제 엄살은 그만 떨어'라고 말하곤 했다. 예전 같으면 은제 말마다 반박했을 텐데 청제는 아무 대꾸도 하지 않았다. 그날 저녁, 청제는 은제 방문을 두드렸다.

"왜?"

은제는 컴퓨터 앞에 앉아 화면에 눈을 둔 채 말했다. 청제가 옆에 있는 피아노 의자를 끌어다가 은제 옆에 앉았다. 그제야 은제가 청제를 보았다.

"또 열나니? 어디."

은제는 퍼뜩 엊그제 청제가 아팠던 생각이 나서 얼른 청제 이마에 손을 얹었다.

"아니, 열 안나."

청제가 도리질을 치며 은제 손을 털어냈다.

"그냥."

청제가 시무룩하게 말했다. 은제가 의자를 빙글 돌려 다시 컴퓨터를 향했다.

"누나, 누나는 새엄마가 생기면 어떨 거 같아?"

아무렇지 않은 척 말했지만, 청제는 가슴이 두근거렸다. 은제가 돌아앉아 있는 것이 다행이었다.

"생각 안 해 봤어, 그런데 너 지금 생뚱맞은 질문인 거 알지?"

은제가 대수롭지 않다는 듯 말했다.

"응. 우리 반 애가 그러는데 그 애 아빠가 애인이 생겼대. 부모님이 예전에 이혼하셨거든."

청제는 최대한 아무렇지 않은 척 말하려고 애썼다.

"그럴 수도 있지 뭐."

은제는 건성으로 답했다.

"누나, 우리 아빠도 엄마 아닌 다른 사람을 사랑할 수 있을까?"

청제는 없는 용기를 짜내 겨우 말을 했다. 입안이 바짝바짝 타는 것 같았다.

"그거야 모르지. 엄마가 돌아가신 지도 벌써 칠 년이 넘었으니까. 아빠가 다른 여자분을 사랑할 것 같진 않지만."

은제가 컴퓨터에서 눈을 떼고 의자를 돌려 청제를 바라보았다. 청제는 얼른 고개를 숙이고 바지에 묻은 먼지를 털어내는 시늉을 했다.

"설혹 아빠가 다른 사람과 결혼한다고 해도 그건 아빠의 인생이니까 우리가 하지 말라고 할 수는 없는 것 같아."

은제는 무덤덤하게 말했다. 그런데 청제는 얇은 종이에 손가락을 베었을 때처럼 마음이 서늘해졌다. 당연히 은제가 '그런 일은 있을 수 없다, 난 아빠가 재혼하는 거 원치 않는다.'라고 말할 줄 알았는데. 청제는 은제가 서운하고 심지어 배신감까지 들어 눈물이 나려 했다. '누나는 아무것도 모르면서. 다 아는 척 어른인 척.' 청제는 주먹을 꽉 쥐었다.

"네 친구에게 말해. 아빠의 삶은 아빠한테 맡기라고."

은제는 할 말을 다 했다는 듯 다시 컴퓨터에 집중했다. 청제는 결심했다. 아빠는 나 혼자서라도 지키겠다고. 아빠가 엄마 아닌 다른 사람을 사랑하게 내버려 두지 않겠다고.

십여 일이 지난 일요일 아침, 잠은 깼지만, 청제는 이불속에 그냥 누워 있었다.

"청제야 그만 일어나. 빨리 일어나서 밥 먹으면 내가 좋은 거 보여줄게."

은제의 말에 청제가 겨우 이불속에서 나왔다.

"아빠는?"

청제가 물었다.

"할머니는 밭에 가셨고, 아빠는 강원도로 탐조가셨어. 이번엔 오래 걸릴지도 모른대."

은제가 수저를 청제에게 건넸다. 청제가 숟가락으로 밥을 떠 입에 넣었다.

"너 아빠가 아침마다 옥상에 가셨던 거 알고 있었어?"

은제도 밥을 먹기 시작했다.

"아니. 몰랐어."

청제가 숟가락질을 멈추었다.

"얼른 먹으라니까. 우리 집 뒤뜰에 단풍나무 있잖아."

청제가 다시 먹기 시작하자 은제가 말을 이었다.

"그 나뭇가지가 갈라지는 곳에 방울새가 둥지를 틀고 알을 낳았어. 알은 다섯 개였는데 어제 아기 방울새들이 이소했어. 이소가 뭔지 알지?"

이소란 아기 새들이 어느 정도 자라서 둥지를 떠나는 것을 말하는 것이었다. 청제는 까맣게 몰랐다.

"왜 나한테만 말 안 해줬어?"

청제는 서운하다 못 해 속상했다. 자신은 찌르레기 둥지를 발견하자마자 알려주고 함께 보러 가고 그랬는데.

"나도 처음엔 몰랐어. 아빠가 나한테도 말 안 해줬거든. 근데 아침마다 아빠가 옥상에서 내려오시는 거야. 그래서 어느 날 아침 일찍 아빠보다 먼저 옥상에 올라가서 아래를 살펴봤지. 그랬더니 글쎄 단풍나무에 둥지가 얼핏 보이잖아."

은제는 김치를 집어 먹으며 말했다.

"어찌나 잘 숨어 있는지 나도 간신히 찾았어. 방울새는 단풍나무 잎이 그렇게 자라서 둥지를 가려줄 걸 어떻게 알았을까?"

은제는 정말 궁금하다는 듯 고개를 갸웃했다.

"방울새는 어떻게 생겼어? 예뻐?"

청제가 은제에게로 바짝 얼굴을 들이댔다.

"예뻐. 날 때 얼핏얼핏 노란색 깃털이 보이는데 정말 고와. 목소리도 진짜 방울 소리 같다니까. 그런데 부리가 이렇게 두꺼워."

은제가 손가락으로 두께를 가늠해 보였다. 청제는 은제 이야기에 폭 빠졌다.

"어제 이소할 때 한 마리가 땅에 떨어졌었어. 얼마나 놀랬는지 몰라. 내가 내려가서 아기새를 주워서 다시 둥지에 넣어 주어야 하는 거 아닌가 했는데 아빠가 말렸어. 근데 진짜 금방 다시 날아오르더라. 날갯짓이 아직 서툴러서 그런 거래."

은제는 신이 나서 말했다.

"나도 부르지."

청제가 입을 내밀며 말했다.

"너 어제 동호랑 떡볶이 먹느라고 늦게 왔잖아."

그랬다. 저번 날에 못 먹은 떡볶이를 어제 먹었다. 그래서 집에 늦게 들어왔다.

"알을 품거나 새끼를 보호할 땐 새들이 예민해지거든. 너까지 옥상에 오르내리면 새들이 스트레스받을까 봐 아빠가 말씀을 안 하신 거래. 때에 따라서 안전하지 않다고 느끼면 어미 새가 알 품기를 포기하는 경우도 있대."

청제가 고개를 끄덕였다.

"방울새는 다 떠나갔지만, 둥지는 그대로 있거든. 얼른 밥 먹고 옥상에 올라가 보자. 참 아빠가 단풍나무 주변 풀도 다 제거했어. 나무 아래서도 둥지가 보이나 가보자."

은제가 말을 마치고 국물을 떠먹었다.

밥을 다 먹고 둘은 옥상에 올랐다. 은제 말대로 뒤뜰은 말끔했다. 청제는 은제의 도움을 받아 겨우 둥지를 찾아냈다. 세 그루의 단풍나무 중 가지가 무성한 나무에 둥지가 있었는데 바람이 불 때만 잎이 들리면서 둥지가 살짝살짝 드러났다. 둥지는 아주 작았다. 저렇게 작은 곳에서 다섯 마리나 살았다니 믿기지 않았다.

청제는 한참을 옥상에 있었다. 아침마다 아빠가 여기에서 숨죽이고 방울새를 관찰하는 모습이 그려졌다. 덥수룩한 머리에 낡고 오래된 옷을 입고 아빠는 새를 보았던 것이다. 혹시라도 새에게 방해가 될까 아무에게도 말하지 않고 혼자서 조용조용 이곳을 오르내렸을 아빠. 청제는 내내 마음속에 떠돌던 검은 구름이 걷히는 것 같았다. 아직 확실하지 않은 일에 미리 걱정하지 않기로 했다. 은제가 나무 밑에 가보자고 했다. 청제는 은제를 따라서 옥상을 내려와 단풍나무 밑으로 갔다. 둥지는 생각보다 높지 않은 곳에 있었다. 까치발을 하고 서서 팔을 뻗으면 어쩌면 닿을 것도 같았다. 은제가 말했다.

"청제야. 너 키 많이 컸다."

청제가 어깨를 으쓱해 보였다. 어디선가 방울새 소리가 들려왔다.

방울새

약 14cm의 작은 새이며 우리나라 전역에서 관찰할 수 있는 텃새이다.

방울새는 잡초 씨앗과 벼, 밀, 수수 등 곡류를 먹기에 적합하도록 부리가 굵고 두툼하다. 어디선가 '또르릉또르르릉'하는 청아한 새소리가 들린다면 주변을 둘러보길 바란다. 검은색의 날개깃 아래쪽에 노란색 띠가 예쁘게 처져 있는 방울새를 발견할 수 있을 것이다.

7. 영원한 내 편

　얼마나 달렸는지 모르겠다. 주먹으로 아무리 훔쳐내도 꾸역꾸역 올라오던 눈물은 어느새 양쪽 눈두덩에 말라붙었다. 땀이 비 오듯 하고 숨이 턱까지 차올랐다. 더 뛰면 가슴이 터질 것 같았다. 청제는 달리기를 멈추었다. 그러자 달리는 내내 귓가에서 아우성치듯 불불 거리던 바람이 감쪽같이 사라졌다. 갑자기 세상이 고요해지면서 자신의 거친 숨소리가 더욱 크게 들렸다. 호흡이 진정되기를 기다리면서 청제는 주변을 둘러보았다. 아무도 없었다. 안도감과 무서움이 동시에 밀려왔다.
　"졸졸졸 돌돌돌."
　어디선가 물 흐르는 소리가 들려왔다. 순간 가슴을 꽉 막고 있던 무언가가 스르르 녹아내리면서 숨통이 트이는 것 같았다. 청제는 물

소리를 따라갔다. 청제가 서 있던 길옆으로 개울이 흐르고 있었다. 미끄러지지 않도록 조심하면서 개울로 내려섰다. 마침 크고 편평한 바위가 눈에 띄었다. 청제는 그 바위 위에 스러지듯 주저앉았다. 개울 건너편 둑엔 아카시 나무들이 죽 늘어서서 물에 제 모습을 비춰보고 있었다. 청제가 앉은 바위 왼쪽에는 제법 무성해진 풀들이 바람이 불 때마다 부드럽게 흔들렸다. 아늑한 느낌이 들었다. 그러자 새삼 서러움이 차올랐다. 청제는 곰곰이 좀 전의 일을 곱씹어 보았다.

점심밥을 먹고 난 후였다. 청제는 연수에게 빌려온 책을 읽고 있었다.

"네가 웬일이니? 일요일이면 컴퓨터 게임 하느라 정신없는 애가 책을 다 읽네. 오늘 해가 서쪽에서 떴나?"

은제가 밖의 해를 찾아보는 시늉을 했다.

"누난 뭐 내가 맨날 어린애인 줄 알아?"

청제가 입을 비죽였다.

"그러게, 우리 청제 다 컸네. 무슨 책인데?"

은제가 바짝 다가앉았다.

"누나 그거 알아? 뻐꾸기가 붉은머리오목눈이 둥지에다 자기 알을 낳아 기르게 하는 거?"

청제는 우쭐거리며 말했다.

"당연히 알지. 이래 봬도 내가 우리 학교 탐조회 회장이거든. 그걸 탁란이라고 하는 거야."

은제가 집게손가락으로 공중을 콕 찍으며 말했다.

"그럼, 박새가 지역에 따라 사투리 쓰는 거 알아?"

청제는 지지 않겠다는 듯 말했다. 은제를 따라 집게손가락으로 은제를 콕 찍어 가리키면서.

"정말? 그건 처음 듣는데."

은제 눈이 동그래졌다.

"하하! 그건 누나도 몰랐지? 난 알고 있는데."

청제는 누나를 이긴 것 같아 기분이 좋았다.

"그 책에 나와 있니?"

은제는 금방이라도 책을 빼앗아 읽을 기세였다.

"아냐! 어떤 교수님이 논문으로 쓰셨대."

청제는 얼른 책을 등 뒤로 숨겼다. 그러다가 은제의 이마에 눈길이 갔다.

"그런데 누나 이마가 왜 그래? 피 나!"

청제말대로 은제의 이마가 벌겋게 부풀었고 그 한 가운데는 피가 맺혀 있었다.

"몰라 짜증 나. 엄마도 아빠도 여드름 안 났다는데 왜 나만 나는지 모르겠어. 아까 밥 먹기 전에 짰더니 이렇게 됐어."

은제는 손으로 이마를 더듬어 만지며 짜증 난 목소리로 말했다.

"청제야 그 책 어딨지? 새 도감말야."

은제가 자리에서 일어섰다.

"몰라. 아빠 서재에 있겠지."

청제는 은제가 일어서자 다시 책을 앞에 내려놓았다. 그날 청제는 연수와 함께 하굣길에 박새를 보러 갔었다. 그런데 새들이 사투리를 사용하는지 알아본다는 건 불가능했다. 우선 연수는 박새소리를 들어 본 적이 없었다. 그래서 새 소리만 나면 '박새야?'라고 청제에게 물었다. 청제가 '아니'라고 말하면 실망하다가 '응'이라고 하면 연수의 얼굴이 환해지곤 했다. 그때마다 청제는 얼마나 가슴이 두근거렸는지 모른다.

"서재에 없는데. 네 방에 있는 거 아냐? 저번에 찌르레기 보던 날 가져갔었잖아."

은제는 여전히 이마의 상처를 만지작거리며 청제에게 말했다.

"아 맞다! 내 책상 첫 번째 서랍 있잖아. 거기에 있어. 누나! 자꾸 여드름 만지지 마. 손에 세균이 득시글하다고 나한테 말해놓고 누나는 왜 그래?"

청제는 기회다 싶어 은제에게 타이르듯 말했다.

"너 오늘 꽤 잘난 척한다."

은제는 마지못해 이마에서 손을 떼고 청제 방으로 갔다. 청제는 다시 책을 읽기 시작했다. 내일은 연수에게 돌려주어야 했다. 세영이 때문이었다. 세영이는 그날 이후 몇 번이나 책을 빌릴 수 있느냐고 물어왔다. 청제는 끝까지 빌려주고 싶지 않았지만 연수가 빌려주자고 말했다. 청제는 연수 말을 따를 수밖에 없어 내일은 책을 가져가야 했다.

"박새라."

은제가 도감을 뒤적이며 청제 방에서 나왔다.

"도감엔 안 나왔을걸. 이 책에도 없다니까."

청제는 보고 있던 책을 은제에게 들어 보이다가 은제 이마에 시선이 닿았다. 순간 눈에서 불이 나는 것 같았다. 연수가 준 오리 문양의 반창고가 은제 이마에 척 하니 붙어 있는 것이 아닌가! 청제는 벌떡 일어났다. 책이 바닥에 떨어지는 소리가 났다.

"야! 이은제!"

거실이 쩌렁쩌렁 울리도록 큰 소리였다.

"이리 안 내놔!"

청제는 한걸음에 달려가 은제의 이마에서 반창고를 떼어내려고 했다. 그때였다. '팡'하는 소리와 함께 청제의 다리가 휘청했다. 누군가 청제의 엉덩이를 세차게 때린 것이었다.

"어디 누나한테 함부로 해?"

아빠였다. 다른 때 같았으면 이렇게 오랜만에 만나는 아빠의 품에 와락 안겼을 것이다. 아빠도 청제의 얼굴에 수염이 난 얼굴을 부비며 '아들 잘 있었어?'를 물었을 것이다. 그런데 이건 처음 있는 일이었다. 청제는 한 손으로 엉덩이를 문질렀다. 소리의 크기에 비해 그렇게 아픈 건 아니었다. 그러나 아빠가 나를 때렸다는 노여움에 눈물이 왈칵 올라왔다.

"아빠는 잘 알지도 못하면서."

울지 않으려고 했는데 이미 눈 안 가득 고인 눈물이 주룩 흘러내렸다. 억울했다.

"아빠 미워!"

청제는 아빠를 밀치고 집을 뛰쳐나왔다.

다시 생각해 봐도 청제는 너무나 억울했다. 청제 생각에 엉덩이를 맞을 사람은 은제였다. 남의 물건을 주인 허락도 없이 쓴 사람이 잘못한 것 아닌가 말이다. 그리고 보면 아빠는 늘 은제 편이었던 것 같다. 청제는 세상에 제 편이 한 명도 없는 것 같아 갑자기 외로워졌다. 청제는 무릎을 세워 두 팔로 감싼 후 그 위에 오른쪽 뺨을 얹었다. 멀리 푸른 산이 보이고 백로 한 마리가 흰 선을 그리듯 날아갔다.

"초촛"

어디선가 새소리가 들려왔다.

"노랑할미새다!"

청제는 누군가에게 속삭이듯이 자그맣게 말했다. 언제 날아온 걸까? 노란 등을 켠 것처럼 주변이 다 환했다. 가늘고 긴 꼬리는 위아래로 쉼 없이 찰랑거렸다. 두 다리를 교대로 걷는 걸음은 어찌나 빠른지 꼭 땅 위를 떠다니는 것 같았다.

"세 마리네. 아하!"

청제는 알 것 같았다. 노랑할미새 한 가족이 먹이를 찾아 개울에 온 것이라는 것을. 그 중 한 마리는 나머지 새에 비해 크기도 작고 꼬리 흔들기도 어설퍼 보였다. 아마 이소한 지 얼마 안 된 어린 새인 것 같았다. 청제는 숨죽인 채 새들을 지켜보았다. 어미 새가 먼저 돌 밑이나 물가의 풀숲에서 먹이를 찾은 후 아기 새를 부르는 것 같았다. 어미 새가 '치칫' 하는 소리를 내면 아기 새가 종종걸음으로 어미 새에게 달려갔다. 어미 새는 잡은 먹이를 아기 새 입에 직접 넣어주기도 하고 때로는 먹이를 한 번 쪼은 후 아기 새가 스스로 먹게도 했다.

아기 새는 울퉁불퉁한 땅 위를 걷는 것이 아직 서툰지 돌부리에 차여 콕 하고 넘어졌다가 발딱 일어나서 주변을 둘러보았다. 깜짝 놀란 그 모습이 어찌나 귀여운지. 돌에 앉을 때 미끄러지지 않으려고 바둥거리는 모습은 또 얼마나 앙증맞은지 청제는 눈을 뗄 수 없었다. 잠시 후 아기 새가 청제에게서 멀지 않은 곳에 앉았다. 꼬리를 깝작깝작 흔들며 어미 새가 불러주기를 기다리는 것 같았다.

"잡아봐."

청제 귀에 누군가 달콤한 목소리로 속삭이는 것 같았다. 아기 새가 저렇게 뒤 돌아 있으니 잘하면 잡을 수 있겠다는 생각이 들었다.

"뭘 망설여? 지금이야 바로 지금!"

누군가 등을 떠미는 것 같았다. 마음으로는 버티며 안 가려고 했는데 몸은 벌써 살금살금 기어가고 있었다. 입술이 바짝 마르고 침 넘어가는 소리도 너무 큰 것 같아 귀에 거슬릴 지경이었다.

"푸드덕 푸득."

청제가 손을 뻗어 잽싸게 움켜쥠과 동시에 다른 노랑할미새들이 날아오르는 소리가 들렸다. 청제는 눈을 질끈 감았다. 보들보들하면서도 새 옷처럼 아삭거리는 꼬리 깃털의 감촉이 손끝으로부터 짜릿하게 전해졌다. 천천히 눈을 떴다. 눈꺼풀이 파르르 떨렸다.

"잡았다!"

청제는 가슴이 벅차올랐다. 두 손을 모아 아기 새를 살포시 감싸 쥐었다. 세상을 다 얻으면 이런 느낌일까? 저 하늘 끝까지라도 뛰어오를 것 같았다.

"함부로 새를 잡으면 절대 안 된다."

마음 저 깊은 곳에서 울려 나오듯 아빠의 목소리가 귓가에 메아리쳤다.

"쳇, 아빠는 내 말도 안 들어 보고 내 엉덩이 때렸으면서."

눈앞에 아빠가 있기라도 한 것처럼 청제는 어깃장을 놓았다. 그러나 마음은 편해지지 않았다.

"아빠는 나 몰래 어떤 아줌마도 만났잖아."

생각지도 못 한 말이 튀어나왔다. 그러자 마음이 복잡해졌다. 그런 이유로 아빠 말을 듣지 않는 것이 당연하고 지금 자기 행동이 떳떳하다고 생각하고 싶지만 한편 그럼 그 아줌마에게 아빠를 영영 빼앗길 것 같은 께름칙함이 스멀스멀 올라왔다.

"아빠는 휴대 전화기도 안 사 주면서 뭐."

아, 이건 아닌데. 청제는 금방 한 말은 취소하고 싶었다. 휴대전화기는 은제랑 약속한 사실이 있기 때문이었다. 중학교에 다니는 사촌 누나가 우등생인데 그 누나가 휴대전화기를 갖고 있지 않았다. 그 누나가 언젠가 전교 일 등을 했을 때 부모님께서 사준다고 했을 때도 공부에 방해된다면서 '별로 필요치 않으니, 대학생이 되면 그때 사 달라.'고 했다는 것이다. 그 얘기를 듣고 청제도 은제도 그 누나가 멋있어 보였고 그래서 자신들도 나중에 사달라고 아빠에게 말했던 것이다.

"음 그건 빼고. 아무튼 아빠가 날 때렸잖아."

청제는 어물쩍 말끝을 뭉갰다. 멋쩍어진 청제는 손가락 새로 새를 들여다보았다. 손안이 어두워서 잘 보이지는 않았지만, 잔뜩 움츠러든 것 같았다.

"나랑 놀자, 나 외로워."

'그래'라고 아기 새가 말해 준다면 얼마나 좋을까라고 청제는 생각했다. 새는 날아가려고 바둥거리거나 손을 쪼거나 하지는 않았다. 가끔 손안에서 옴지락거리는 게 다였다. 그때마다 느껴지는 깃털의 부드러움에 숨이 멎을 것 같았다. 팔딱팔딱 살아 뛰는 생명을 손에 쥔 느낌은 말로 표현할 수 없을 만큼 감동적이었다.

"생명 있는 것들은 함부로 하면 못쓴다."

갑자기 할머니 말이 떠올랐다. 청제는 가슴에서 돌덩이 하나가 퉁 하고 떨어지는 것 같았다. 청제는 제 손을 바라보았다. 눈물과 땀이 얼룩져 꼬질꼬질했다. 이렇게 더러운 손안에 잡혀 있는 새에게 미안한 마음이 들었다. 청제는 개울 주변을 둘러보았다. 이미 노랑할미새들은 보이지 않았다. 하지만 어디선가 아기 새를 기다리며 청제를 지켜보고 있을 것 같았다. 청제는 갈등이 생겼다. 놓아주고 싶기도 하고 놓아주고 싶지 않기도 하고. 아랫입술을 지그시 깨무는데 짠맛이 느껴졌다. 문득 정신이 번쩍 들었다.

"그래 이건 아니야."

청제는 새를 놓아주기로 마음먹었다. 엄마 아빠 새가 볼 수 있도록 손을 높이 들었다. 그리고 감쌌던 손을 조심스럽게 펼쳤다.

"자 이제 엄마 아빠한테 가!"

청제의 말에도 아기 새는 잠시 가만히 있었다. 혹시 손안이 너무 좁아 숨이 막혀 죽은 건 아닐까 청제는 더럭 겁이 났다. 그때였다. 새가 포르르 날아올랐다. 잠시 날갯짓이 서툰 것 같았는데 이내 시야에서 사라졌다. 청제는 새가 날아간 쪽의 하늘을 한동안 바라보았다. 가슴에 싸아한 바람이 부는 것 같았다. 동시에 무거운 짐을 내려놓은 것처럼 마음이 가벼워졌다.

해가 많이 기울었다. 집으로 돌아가야 할 시간이었다. 청제는 개울물에 손을 씻었다. 땟물이 흐르는 물에 씻겨 나갔다. 기분이 조금 나아졌다. 청제는 집을 향해 걸음을 옮겼다. 아빠를 생각하면 여전히 마음이 편치 않았다. 집에 가면 분명히 아빠와 맞닥뜨릴 텐데. 아빠가 아무리 말을 걸어도 절대 대답하지 말아야지, 청제는 다짐하고 또 다짐했다. 동네 어귀에 다다랐을 때였다. 붉게 물든 노을을 뒷짐처럼 지고 할머니가 서 계셨다. 청제는 뛰어들듯 할머니 품에 안겼다.

"할머니! 나 기다렸어?"

그럴 생각이 아니었는데 목구멍 사이로 서러움이 비어져 올라와서는 울먹거림이 되었다. 다 괜찮다는 듯 할머니가 청제 등을 쓸어내리셨다.

"어여 집에 가서 저녁 먹자."

할머니가 청제 손을 꼭 잡으셨다. 그런 할머니 팔에 매달리듯 청제는 할머니와 꼭 붙어서 걸었다.

"청제야 누나가 아무리 잘못한 일이 있어도 누나 헌티 버릇없이 굴면 안되는 겨. 누나는 누나여."

할머니 말에 청제는 입을 비죽 내밀었다. 하지만 서운하지는 않았다. 언제나 할머니께서 하시는 말씀이고 또 틀린 말도 아니니까.

"그런데 할머니. 아빠는 맨날 누나 편만 들어."

청제는 자기 말을 들어달라는 뜻으로 할머니 팔을 잡아당겼다.

"이 할미가 허구헌 날 청제 편만 드는 것처럼?"

할머니가 고개를 돌려 청제를 바라보며 말씀하셨다. 입가에 주름을 타고 미소가 번졌다. 청제도 웃음이 났다. '할머니는 맨날 청제 편만 든다'고 툭하면 은제가 하던 말이 생각나서였다.

"청제야."

할머니가 청제를 부르셨다.

"응."

청제가 답했다.

"니 애비는 은제 아니었으면 지금처럼 사람 구실 하면서 살지 못했을 거다."

할머니가 걸음을 멈추고 아련한 눈빛으로 청제를 바라보셨다. 무슨 말인가 싶어 청제도 걸음을 멈추었다.

"니 에미 그렇게 갑자기 저세상으로 가고 나서 니 애비는 넋이 나가 버렸다. 오죽허문 문상객마다 저러다 니 애비도 니 에미 따라가겄다고 했겄냐?"

할머니가 '휴우'하고 한숨을 길게 내쉬었다.

"니 에미 산에 묻고 와서 니 애비는 산 사람이 아니었느니라. 먹는 것도 건성, 자는 것도 건성, 말하는 것도 다 건성이었다. 꼭 허깨비 같았지."

할머니는 힘들었던 기억을 떠올리느라 이마에 주름이 더 깊어졌다.

"유일하게 니 애비 정신을 차리게 하는 게 은제였다. 니 애비가 은제 볼 때는 어떻게든 살아야겠다고 애쓰는 것 같았지. 어리긴 해도 은제 고것이 그걸 아는 것 같더라. 암 알고말고."

할머니가 고개를 끄덕이며 잠시 말을 멈추었다. 청제는 처음 듣는 이야기였다. 그동안 할머니가 엄마 얘기하는 걸 싫어하는 거 같아서 청제는 할머니 앞에서 엄마 이야기는 꺼내지도 못했었다. 그건 은제도 아빠도 마찬가지였다. 청제는 가슴이 아려 왔다.

"애비가 밥을 안 먹으면 은제가 지 숟가락으로 밥을 떠서 아빠 입에 떠 넣었다. 애비는 어쩔 수 없이 먹었지. 그리구 그게 지 애비 옆을 한시도 떠나지 않았지. 잠을 못 자는 것 같으면 애비 가슴을 고 작은 손으로 토닥거렸고. 꼭 지에미가 하던 것하고 똑같더라."

할머니가 청제 모르게 슬쩍 눈물을 훔치셨다.

"은제가 아빠를 어찌나 불러댔는지 모른다. 니 애비가 한마디라도 대꾸할 때까지 불러쌓고 또 지가 알고 있는 옛날이야기부터 지 동무 얘기에 뒤뜰의 나무 얘기까지 내내 종알종알 어떻게든 아빠하고 말을 나누려고. 그래 은제가 그랬다. 그래서 니 애비 정신 줄을 잡게 했다."

할머니가 다시 한번 길게 숨을 내쉬었다.

"할머니, 난 그때 뭐 했어? 하나도 기억나는 게 없어."

할머니가 청제를 가만히 쳐다보았다.

"그때 청제는 애기였으니께. 그래두 신통하게 잘 울지도 않고 말썽도 안 피우고. 그랬지."

할머니 말에 청제는 약간 실망했다. 은제만큼은 아니어도 자신도 아빠를 위해 무언가 했을 줄 알았는데 고작 울지 않고 말썽 안 피운 게 다라니 말이다

"할머니. 우리 얼른 집에 가 나 배고파."

청제는 응석을 부리듯 할머니 품에 얼굴을 부볐다.

"그려 그려. 어여 집에 가자, 할머니가 주책없이 말이 너무 많았다."

할머니가 청제 손을 잡고 다시 걷기 시작했다. 저만치 대문 앞에

아빠와 은제가 기다리고 있었다. 할머니가 한 손을 휘저으며 말씀하셨다.

"청제 편 나가신다. 은제 편은 길을 비키거라."

청제도 할머니를 따라 팔을 뻗어 길을 비키라는 시늉을 해 보였다. 머쓱해하는 아빠 얼굴에도 미안해하는 은제 얼굴에도 노을이 붉게 물들고 있었다.

노랑할미새

몸길이 약 20cm 정도의 여름 철새이다.

개울을 좋아하며, 낮은 산 아래 물가에서 곤충 거미 애벌레를 잡아 먹는다. 턱밑과 멱 부분은 검은색인데 그 아랫면이 둥근 목선의 노란 조끼를 입은 것 같은 모습이다. 땅 위를 걸을 때 꼬리를 까딱까딱 위아래로 흔드는 행동을 하며 종종걸음이 무척 빠른 편이다.

8. 슬프고 아름다운

그날 밤, 청제는 할머니 방으로 갔다. 옆구리에 베개를 낀 채였다.

"할머니, 나 오늘은 할머니랑 잘래."

마른빨래를 개키고 계시는 할머니 무릎에 청제는 막무가내로 드러누웠다.

"그럴 텨?"

할머니가 개킨 빨래 더미를 한쪽으로 치우며 말씀하셨다. 그러고는 청제의 앞머리를 쓸어 넘기셨다. 이마가 훤히 드러났다.

"누가 아들 아니랄까 봐 이마가 어찌 이리도 지 애비와 똑같을꼬?"

청제는 할머니의 이런 손길이 좋았다. 피부는 거칠지만, 할머니의 사랑이 듬뿍 묻어나는 손길. 청제는 눈을 감고 할머니에게 얼굴을 내맡겼다.

"할머니! 청제 여기 있어요?"

은제였다. 손에 자그마한 봉투를 들고 있었다.

"그려. 청제가 오늘은 예서 잔다는구나."

"할머니 귀찮게."

은제가 할머니 옆에 앉으며 말했다. 청제는 잠든 척하려고 했으나 눈꺼풀이 자꾸 움직였다.

"누나가 할 말이 있는가 본 데 청제야 일어나 보거라."

할머니가 청제의 등 밑에 손을 넣고 일으켜 앉혔다.

"왜?"

청제는 은제의 시선을 외면한 채 퉁명스럽게 말했다.

"허락도 없이 네 물건을 쓴 거 미안해. 난 서랍에 아무렇게나 있길래 더군다나 여러 개 있길래 하나쯤 써도 괜찮을 거로 생각했어. 하여튼 미안해 다음부터는 그런 일 없을 거야."

은제가 미안해하며 말했다.

"그리고 이거 받아, 사과의 뜻이야."

은제가 작은 봉투를 청제 코앞에 내밀었다.

"뭔데?"

청제는 별 관심이 없는 척 말했지만, 마음속에서는 이미 기대감이 솔솔 피어났다.

"싫어? 싫으면 관두고."

은제가 내밀었던 봉투를 다시 거두어들이려 했다.

"아냐! 누가 싫댔어?"

청제는 얼른 은제 손에서 봉투를 낚아챘다. 아, 손에 닿는 봉투 속 물체의 감촉! 청제는 무엇인지 짐작할 수 있었다.

"그럼 내 사과받은 거다?"

은제가 다짐하듯 물었고 청제는 두말없이 고개를 끄덕였다.

"사방팔방 돌아다니면서 할머니 힘들게 하지 말고 오늘은 얌전하게 자."

은제가 타이르듯 말했다. 청제는 이미 은제 말이 귀에 들어오지 않았다. 모든 신경이 봉투를 들고 있는 손끝에 쏠려 있었다.

"할머니 안녕히 주무세요."

"그려 우리 은제도 잘 자거라."

은제가 나가자, 할머니가 이부자리를 폈다. 청제는 그때 서야 봉투 속에 있는 것을 조심스럽게 꺼냈다.

"은제가 뭘 주었노?"

할머니도 궁금하신 듯 청제 손을 바라보셨다. 봉투를 열어 안의 것을 꺼내는 청제 얼굴에 미소가 활짝 피었다.

"새 깃털요!"

청제 목소리가 기쁨으로 약간 떨리기까지 했다.

"은제가 큰맘 먹었구나."

흐뭇해하시는 할머니 말씀에 청제도 고개를 끄덕였다. 은제의 보물 목록 1호가 새 깃털이라는 것은 온 식구가 다 아는 사실이었다. 탐조 활동을 하다 보면 새 깃털을 주울 때가 있다. 그때마다 은제는 주워 온 깃털을 소독하고 잘 말려서 자신의 보물 상자에 보관한다. 그 보물 상자는 아무도 건드리지 않는 것이 언젠가부터 규칙처럼 되어버렸다.

"무슨 새 깃털인고?"

할머니가 옆으로 치워 놓았던 빨래를 다시 개키며 물으셨다. 청제는 봉투 겉면을 보았다. 아래쪽에 수꿩 몸 깃털이라고 쓰여 있었다. 반듯반듯한 글씨체가 영락없이 글씨의 주인인 은제를 닮아있었다.

"수꿩 몸 깃이라고 여기 써 있어요."

"은제가 무얼 허든 야물딱지지, 지에미를 꼭 빼닮아서는."

할머니가 말끝을 흐렸다. 빨래를 개키던 손도 잠시 멈추었다. 형광등 불빛에 깃털을 이리저리 비춰보던 청제는 순간 멈칫했다. 엄마. 아무리 애써도 닿을 수 없는 이름, 마음속으로 불러 볼 때마다 그리움이 목까지 차오르는 그 이름 엄마.

"난 네 에미가 그렇게 간 게 아무래도 내 탓인 것만 같다."

말끝에 한숨이 묻어 나왔다. 방 안 공기가 무겁게 가라앉는 것 같았다. 청제는 깃털을 다시 봉투에 넣어 문갑 위에 올려놓고 무릎걸음으로 할머니에게 갔다.

"할머니 우리 엄마 예뻤어?"

청제가 조심스럽게 물었다. 목소리가 떨렸다.

"그럼 예뻤고말고."

할머니가 청제 등을 토닥였다.

"청제 이리 앉아 보거라."

할머니가 방바닥을 손바닥으로 가리키며 말했다.

"네 엄마가 처음 인사 왔을 때 안녕하세요 어머니 하는데 난 딸이 하나 생겼구나 싶었다."

옛날을 떠올리시는 듯 할머니의 시선이 먼 곳을 향했다.

"영선이는,"

말을 떼어 놓고 할머니는 잠시 가만히 계셨다.

"난 네 어미를 며느리라고 부른 적이 없다. 딸아이 이름 부르듯 영선아, 영선아 했거든."

이야기에 끌려 바싹 얼굴을 들이댄 청제의 뒷머리를 할머니가 쓸어내리셨다.

"영선이는 어렸을 때 엄마를 여의었다고 했다. 그러니께 네 외할머니께서 일찍 돌아가셨다는 뜻이다,"

청제는 알아들었다는 뜻으로 고개를 끄덕였다.

"그 얘기를 처음 들었을 때 여기가 찌르르 아프더라."

할머니가 손바닥으로 자신의 명치 부위를 지그시 누르셨다.

"그래서 난 영선이를 내 딸이라고 생각했다. 어느 날 하늘에서 뚝 떨어진 딸. 그래, 그렇게 생각했단다."

할머니는 잠시 말을 멈추고 숨을 깊게 내쉬었다.

"영선이는 맘씨가 고운 아이였다, 얼굴도 고왔고. 영선이가 오면 주변이 다 환해지는 것 같았으니께."

할머니가 갑자기 '쿡'하고 웃으셨다.

"맨 날 새 공부한다고 들로 산으로 쏘다니기만 허던 니 애비가 그런 보석 같은 여자를 데려올 줄 누가 알았노?"

엄마 이야기를 하면서 웃기까지 하시는 할머니의 모습이 청제는 낯설었다. 할머니는 평소에 엄마 이야기를 거의 하지 않으셨기 때문이다. 하지만 청제는 기분이 나쁘지 않았다. 아니 오히려 포근한 이불을 덮은 것처럼 마음이 따뜻해졌다.

"영선이는 영락없는 도시 내기라 농사일은 아주 서툴렀지. 그래도 일을 돕고 싶어 하고 그래서 가르쳐주면 곧잘 따라 하곤 했지, 영선이가 워낙 야무졌거든."

할머니는 기억을 더듬느라 잠시 멈추었다가 다시 이야기를 계속하셨다.

"햇빛 따습던 봄이었다. 아마 이맘때쯤이었던 것 같다. 내가 영선이 데리고 매화나무밭에 갔다. 예전엔 집 앞에 매화나무밭이 있었단다. 잡풀이 우거지기도 했고 작년에 쳐낸 가지들이 바닥에 그대로 방치되어 있어서 영선이가 밭으로 들어가길 꺼려했는데 내가 영선이 손을 잡고 기어이 들어갔지. 막상 안으로 들어가자, 영선이는 나무들을 하나하나 쓰다듬고 안고 하면서 잘 자라라고 좋은 매실 맺으라고 소곤소곤 이야기하더라. 영선이는 모든 생명을 귀히 여기고 소중히 다루었다. 난 그런 영선이가 이뻤고. 난 올해 쳐내야 할 가지도 정하고 또 어디 병든 나무는 없나 살펴보느라고 영선이와 거리가 좀 떨어졌

없느니. 그런데 갑자기 푸드덕하는 소리가 나자마자 영선이가 엄마야 하고 소리 지르면서 엉덩방아를 찧었다. 하긴…….”

할머니는 무언가 기억난 듯 고개를 끄덕이셨다.

"뭔데 뭐야 할머니?"

청제는 뒷이야기가 궁금해서 할머니 앞으로 더 바짝 다가앉았다.

"그러고 보면 가끔 바스락거리는 소리가 나긴 했느니. 그때 눈치를 챘어야 했는데, 난 영선이가 걸어 다니면서 바닥에 떨어진 낙엽을 밟아서 나는 소리려니 했는데. 그런데 그게 아니라 까투리가, 청제 까투리 아나?"

할머니가 청제에게 물었다.

"응 알어. 꿩 암컷!"

청제가 얼른 답했다.

"그려. 그 까투리가 둥지를 틀고 알을 품고 있었던 거라. 제 깐에는 어떻게든 잘 숨어서 알을 지키려고 했나 본데 영선이가 멋도 모르고 자꾸 다가오니께 위협을 느낀 까투리가 결국엔 날아오른 거지."

"엄마는 거기 꿩이 있는지 전혀 몰랐어?"

청제는 급한 마음에 할머니의 팔을 흔들며 물었다.

"몰랐지. 까투리 털 색깔이 눈에 잘 안 띄거든. 알을 품고 또 나중에 새끼들을 키우려면 깃털이 수수해야 천적을 피할 수 있으니께."

"그래서, 그래서 어떻게 됐어 할머니?"

청제가 이야기를 재촉했다.

"영선이가 많이 놀랐는지 주저앉은 채로 한참을 못 일어났단다. 꿩 날개 퍼덕이는 소리가 가까이서 들으면 워낙 크거든. 할미도 밭에서 몇 번 당해본 일이라서 잘 알지. 내가 가보니 영선이는 눈물까지 찔끔였더라."

할머니가 소리 없이 웃으셨다. 아마도 청제 엄마의 그때 모습을 생각하시는 것 같았다.

"내가 가서 영선이를 진정시켰다. 그리고 그때 난생처음 꿩 알을 봤지. 녹두 빛이 도는 연한 갈색 알이 어쩜 그리도 신비롭던지. 신령님 뒤에 어린다는 서기가 이는 것 같더라. 함부로 손을 댈 수가 없었다. 만져보고 싶은 마음은 굴뚝같았지만 나도 영선이도 그러지 않았다. 그저 한동안 넋을 잃고 바라만 봤지."

"만져보면 안 돼?"

만져보고 싶은 마음이 이해되는 것 같아 청제가 물었다.

"안되지! 그럼 안 되는 겨!"

할머니의 단호한 답이 돌아왔다.

"딱 한 번도 안 돼?"

청제가 검지를 세워 보이며 간절히 말했다.

"손 타면 안 되는 거여! 청제도 행여 함부로 둥지를 뒤지고 알 만지고 허면 안 된다. 할미가 늘 말했지? 생명 있는 것들은 함부로 허면 안 된다고."

할머니가 다짐을 받듯 말했다. 청제는 속으로 뜨끔했다. 오늘 낮에 노랑할미새를 잡았던 일이 떠올랐기 때문이다. 청제는 시무룩해져서 고개만 끄덕였다. 할머니가 이야기를 이어가셨다.

"그런디 갑자기 영선이가 어머니 우리 얼른 나가요 하면서 내 손을 잡아끄는 거라. 그래야 까투리가 돌아오지 않겠냐면서."

"그래서 까투리가 다시 왔어?"

청제는 다시 할머니의 이야기 속으로 빠져들었다.

"어떻게 됐을까? 청제가 한번 맞춰보련?"

할머니가 뜸을 들였다.

"까투리는 엄마니까 당연히 돌아왔겠지?"

청제의 답을 들은 할머니가 천천히 고개를 가로저었다.

"끝내 오지 않았다더라."

할머니의 얼굴이 어두워졌다.

"난 들일을 나갔고 영선이가 담 뒤에 숨어서 두 시간 넘게 지켜봤는데."

할머니가 다시 고개를 저었다.

"그럼, 알은 어떻게 해요?"

청제가 궁금함을 참지 못하고 할머니를 재촉했다.

"아마 영선이가 책도 찾아보고 새와 관련된 것만 같으면 어디든지 전화해서 물어봤나 보더라. 그런데 어미가 떠난 알을 구할 방법이 없다고."

"아빠한테 물어봤어야지 아빠가 새 박사잖아."

청제가 그것도 모르냐는 듯 말했다.

"니 애비는 그때 무슨 조사 한다고 섬에 들어가 있었는데 지금처럼 연락이 수월한 때가 아니었단다. 연락을 할 수 없었지."

그제야 고개를 끄덕이는 청제를 할머니가 말없이 바라보셨다. 눈에는 깊은 슬픔이 우물처럼 고여 있었다.

"그래 그건 사고였다. 너무 갑작스럽고 사람 힘으로 어쩔 수 없는 사고였지. 고 여리디여린 영선이가 무지막지한 트럭에 치였으니 어찌 이겨낼 수 있었겠노. 영선이가 병원에 실려 가 사경을 헤매고 있을 때 그 오래전 일이 기억나더라. 그 까투리 말여. 너도 에미 없는 자식 한번 키워보라고 하늘이 내게 벌을 주려고 영선이를 데려가는구나 하고."

할머니가 울음을 삼키느라 말을 잇지 못하셨다. 청제는 할머니가 힘든 게 세상에서 제일 싫었다. 얼른 할머니 뒤에서 할머니를 꼭 껴안았다. 순간 할머니의 몸이 너무 마른 것 같아 마음이 아팠다. 괜히 눈물이 나려고 했다.

"할머니 울지 마. 엄마도 할머니도 일부러 그런 것도 아니잖아. 거기 새가 있는지 몰랐잖아."

할머니가 청제를 끌어내려 아기를 안듯 품에 안으셨다.

"그게 다 인연이고 업이라는 거다."

"그게 뭔데?"

청제는 비어져 나오는 눈물을 애써 참으며 말했다.

"글쎄다. 전생에 내가 무슨 죄를 지었겠지. 원인 없는 결과는 없으니께. 그래서 이생에 그렇게 착하고 이쁜 며느리와 오랫동안 살 수 있는 복이 없었던 거지."

"그런 게 어딨어?"

청제는 억지라도 부리고 싶어 투정을 섞어 말했다.

"요즘 젊은 사람들은 그리 생각 안 하는 것 같다만 할미 생각은 그렇다. 그러니 지금 생을 함부로 살면 다음 생에 함부로 된 복을 받는다고, 노인들 말로는 박복하다고 허지."

할머니가 청제 등을 쓸어내리셨다.

"난 청제랑 은제가 함부로 말하거나 함부로 행동하는 거 싫다. 그것이 다 원인이 되어 언제 어디서 벌을 받을지 알 수 없거든. 몰라서 그랬다고 발뺌해봤자 그 죄가 사라지지 않으니 항상 몸과 마음가짐을 바로 하고 살거라."

청제는 말없이 고개만 끄덕였다.

"참! 그리고 네 엄마가 그때 이런 말을 했었다."

할머니는 영선이 대신 '네 엄마'라고 말씀하셨다.

"도감인가 뭐신가 찾아보니께 꿩이 알을 열 개 정도, 많아야 열댓 개 정도 낳는다고 써 있는디 그때 매화밭에서 본 둥지엔 알이 스물두 개나 있었다드라. 그래서 나중에 아이를 낳으면 책도 많이 읽게 할 거지만 실제로 보고 듣는 경험을 많이 하게 할 거라고 네 엄마가 그렇게 말했다. 엄마의 말이니 새겨들어라."

말을 마친 할머니가 청제를 요 위에 뉘었다.

"자 인제 그만 자거라."

할머니가 이불을 끌어다 덮어주자, 청제는 눈을 감았다. 행복한 것도 같고 슬픈 것도 같고 기분이 이상했다. 혹시 잠이 들면 꿈속에서 엄마를 만났으면 좋겠다는 생각이 들었다. 청제는 마음속으로 숫자를 세며 어서 잠이 들기를 바랐다.

"야! 이청제! 나와라!"

밖에서 아빠가 손을 나팔 모양으로 만들어 입에 대고 청제를 불렀다. 청제는 그 소리에 잠이 깨 눈을 비비며 일어났다. 청제는 무슨 일인가 싶어 현관문을 열었다.

"자, 화해의 악수!"

아빠가 손을 내밀었다. 청제는 얼떨결에 아빠의 손을 마주 잡았다. 그러자 아빠가 세차게 손을 흔들어 댔다. 그 바람에 청제는 몸까지 흔들려 정신이 없었다. 아빠가 그런 청제를 번쩍 들어 올려 마당에 내려놓았다. 바로 자전거 앞이었다.

"와아아아."

청제는 자신도 모르게 터져 나오는 탄성을 목구멍 안으로 다시 밀어 넣었다.

"고장 난 것도 다 고쳤고, 아빠가 손수 세차 아니 세자전거라고 해야 하나? 아무튼 그것도 했어."

아빠가 함빡 웃으며 말했다. 청제는 자꾸만 미소를 지으려는 자신의 얼굴 근육을 애써 잡아당기며 화가 풀리지 않은 척했다.

"그런데 아빠 어제 나 왜 때렸어요?"

청제는 발로 땅바닥을 비비며 그곳을 보는 양 고개를 숙인 채 말했다.

"그게 일단은 아빠가 미안해. 아빠는 청제가 누나를 그것도 얼굴을 때리려고 하는 줄 알았어. 현관 밖에서 네가 누나가 아니라 이은제하고 큰 소리로 말하는 걸 들었거든. 그래서."

"나 누나 때린 거 아니거든!"

"알아. 어제 은제한테 얘기 다 들었어. 어쨌든 아빠가 잘못한 거야 자초지종을 물어봤어야 했는데. 청제야 아빠가 잘못 했어 미안해. 다시는 그런 일 없도록 할게."

청제는 마지못해 받아들이는 듯 천천히 고개를 끄덕였다. 그리고는 자전거의 안장을 탁탁 쳤다. 기분 좋은 탄력이 느껴졌다.

"대신 조심해서 타기다 위험한 건 하지 않기 알지?"

아빠가 자전거 앞바퀴 들어 올리는 시늉을 해 보였다. 청제는 더 이상은 헤벌어진 입을 다물 수가 없었다. 아침 햇빛을 받은 자전거가 유난히 빛나 보였다.

꿩

'꿩 꿩' 울어서 새 이름이 꿩이다.

수컷을 장끼 암컷을 까투리라고 부른다. 장끼는 깃색이 화려하고 알록달록한 데 반해 까투리는 천적의 눈을 피하고자 주변과 비슷한 보호색을 띤다. 꿩의 새끼는 꺼병이라고 하는데 병아리와 비슷하게 생겼지만, 다리가 길어서 걷는 모습이 어색한 느낌이다. 이 때문에 행동이 굼뜨고 어벙해 보이는 사람을 꺼병이라고 부른다.

9. 누구나 한 가지는

"진짜?"

웃음꽃이 활짝 핀 얼굴로 연수가 돌아보았다.

"응! 아빠가 허락하셨어."

청제가 고개까지 끄덕이며 말했다.

"그럼, 이제 자전거 탈 수 있는 거지?"

연수 목소리가 튀어 오르는 물방울처럼 경쾌했다. 청제는 더 크게 고개를 끄덕였다.

"정말 잘 됐다!"

"우리 오늘 자전거 탈까?"

연수가 좋아하는 모습을 보자, 청제는 자신도 모르게 자전거 타자고 제안 했다.

"잠깐만."

연수가 주머니에서 휴대폰을 꺼내더니 손가락으로 톡톡톡 번호를 눌렀다.

"엄마, 나! 응. 아니. 근데 엄마, 나 오늘만 학원 안 가면 안 돼?"

연수가 엄마의 허락을 구하고 있었다.

"응 반 친구랑. 아니, 친친이랑."

연수가 말없이 전화기에 귀를 댄 채 듣고만 있다. 아마 엄마가 쉽게 허락해 주지 않는 모양이었다.

"허락하셨대. 응, 응. 조심할게, 무릎 보호대도 할게 응, 알았어. 엄마 땡큐."

전화를 끊는 연수 얼굴에 화색이 돌았다. 연수가 오른손을 번쩍 들었다. 청제는 그것이 무엇을 의미하는지 알아챘다. 청제도 오른손을 높이 들고 힘껏 뛰어올랐다. 동시에 연수도 뛰어오르며 둘의 손바닥이 공중에서 '짝' 소리를 내며 마주쳤다. 그리고 이내 '쿵'하고 둘이 떨어지는 소리가 복도를 울렸다. 둘의 눈이 마주치자마자 둘은 달리기 시작했다. 복도에서 뛰다가 선생님께 걸리면 따숙을 해야 할지도 모르기 때문이었다. 잽싸게 실내화를 벗고 신발로 갈아 신은 다음 둘은 건물을 벗어나 운동장으로 향했다.

"청제야, 우리 오늘 자전거도 타고 새도 보자."

연수가 어깨 위의 가방끈을 양손으로 잡으며 말했다.

"그러자."

청제는 두말할 것 없이 대찬성이었다.

"야 뭔데? 뭘 그러자고?"

난데없이 불청객이 끼어들었다. 동호였다.

"아무것도 아니야."

청제가 발뺌하며 얼버무리려고 했다. 얼마 만에 연수랑 자전거를 타게 됐는데 동호와 함께한단 말인가.

"아니긴 뭐가 아냐? 뭔지 몰라도 나도 끼워줘."

동호는 심심하던 차에 잘 됐다 싶어 막무가내로 끼워달라고 했다.

"새 보러 가자구 한 거야."

자전거 탈거라고 하면 동호가 기어이 따라나설까 봐 청제는 일부러 새보러 간다는 말만 했다.

"새 보러 간다구? 그럼 나도 갈래!"

'으이그 저 눈치 없는 녀석 같으니라구.' 청제는 동호 머리를 한 대 쥐어박고 싶은 심정이었다.

"새 보러 갈 거면 나도 가고 싶은데."

'이건 또 뭐람?' 청제는 왠지 모를 불안감에 휩싸여 천천히 돌아보았다. 설마 했는데 아니나 다를까 세영이었다.

"일부러 엿들은 건 아니야."

평소에 얄밉도록 당당한 모습은 간데없고 약간은 주눅이 든 목소리였다.

"그래, 넷이 가면 좋겠다. 우리 다 같이 가자!"

동호는 뭐가 그렇게 좋은지 입이 헤벌어져서는 언죽번죽 떠들었다. 청제는 난감했다. 어떻게 해야 할지 몰라 연수를 쳐다보았다.

"청제야, 그럼, 자전거는 다음에 타자."

연수가 아이들과 함께 가기로 마음을 정한 듯 청제에게 말했다.

"자전거도 타기로 했었어? 그럼, 자전거도 타자, 다음 말고 오늘 응?"

동호는 말끝마다 끼어들었다.

"난 자전거 못 타는데."

세영이가 혼잣말하듯 말했다.

"어? 그럼, 자전거는 다음에. 그거야 뭐 언제든지 탈 수 있으니까."

동호는 흥분해서 떠드는 중에도 세영이 말은 귀신같이 알아듣고 금방 말을 바꾸었다. 청제는 어이가 없어 웃음이 나왔다. 연수도 따라 웃었다. 세영이는 얼굴이 발그레 해졌고 동호는 머쓱해서 뒷머리만 긁었다.

넷은 각자 집에 갔다가 한 시간 뒤에 약수터 가는 길 입구에서 만나기로 하고 헤어졌다.

약속 장소에 제일 먼저 도착한 건 청제였다. 이곳에서 집이 가장 가까운 동호가 먼저 올 거라고 예상했는데 의외로 세영이가 더 일찍 왔다. 저만치에 까만 승용차가 와서 멈추더니 세영이가 내리는 것이었다. 청제는 세영이의 옷차림을 보고 순간 뜨악해졌다. 아까 헤어질 때 입었던 그 옷이 아니었다. 나풀거리는 치마에 화려한 웃옷이 마치 무슨 학예발표회라도 나가는 것 같은 옷차림이었다.

"네가 청제니?"

차 문 유리가 미끄러지듯 내려가더니 까만 색안경을 낀 아줌마의 얼굴이 보였다. 세영이의 엄마인 듯했다. 청제는 얼른 꾸벅하고 인사를 했다.

"우리 세영이가 하도 네 얘기를 많이 해서."

"엄마!"

세영이가 큰 소리로 엄마를 부르며 말을 막았다.

"알았다 알았어. 청제야 위험한 데로 가는 건 아니지?"

그래도 할 말은 해야겠다는 듯 세영이 엄마는 세영이를 피해 청제에게 말했다.

"안 위험하다니까. 엄마 그만 가."

청제가 뭐라 하기도 전에 세영이가 말했다.

"애도 참. 그럼 이따 전화해, 엄마가 데릴러 올게."

"알았어, 얼른 가라고."

차 유리문이 다시 스르륵 올라가고 곧 승용차가 돌아갔다. 둘만 남자 어색한 침묵이 흘렀다. 청제는 목을 빼고 연수가 오기를 기다렸다.

"이청제!"

세영이가 청제를 불렀다.

"왜?"

청제는 세영이에게 눈길도 주지 않은 채 말했다.

"넌 모든 새가 다 좋으니?"

"뭐 그냥."

"난 비둘기는 싫던데, 눈 떴다 감을 때 희번득이는게 무섭고."

"그런가. 연수야! 여기, 여기!"

청제는 건성건성 답하다가 연수를 보자 손짓까지 해가며 연수를 불렀다. 세영이는 무언가를 말하려다가 그만두었다.

"연수야 빨리 와!"

청제는 기다리지 못하고 연수 쪽으로 가려고 했다.

"어차피 이리로 올 건데 뭐 하러 가니? 여기서 기다려!"

세영이는 청제가 야속해서 새침하게 말했다.

"그, 그런가?"

말은 그렇게 했지만, 청제는 기어이 걸음을 내디뎠다. 연수도 둘을 발견하고부터는 뛰어오기 시작했다

"내가 늦었니?"

연수의 콧등에 땀방울이 송송 맺혀 있었다.

"아니, 안 늦었어. 내가 일찍 온 거야."

청제는 손사래까지 치며 아니라고 했다.

"조금 늦었어."

세영이가 뾰족하게 말했다. 이럴 때마다 청제는 세영이가 떨떠름

하고 불편했다.

"미안해. 엄마가 먹을 것 좀 싸주신다고 해서 늦었어."

"괜찮아."

세영이가 콧대를 높이며 말했다. 청제는 영 세영이가 맘에 들지 않았다.

"동호 이 자식은 왜 안 오는 거야?"

청제는 괜히 바닥에 있는 돌멩이를 걷어찼다.

"세영아 너 동호 전화번호 알지? 한 번 전화해 봐."

연수가 손등으로 땀을 닦아내며 말했다.

"집에서 나오기 전에 통화했는데 제 엄마 가게에 들렀다 온다고 했어. 곧 오겠지, 뭐."

세영이의 말이 끝나자마자 동호가 오는 모습이 보였다.

"야! 강동호, 빨리 와!"

청제가 동호를 부르며 재촉했다. 가까이 온 동호 얼굴은 잔뜩 부어 있었다.

"아 열나 짜증 나!"

동호가 분통을 터트렸다.

"어머, 넌 제일 늦게 와서는 한다는 말이 고작 그거니? 미안하다는 말부터 해야 하는 거 아냐?"

세영이가 따지듯 말했다.

"미안, 세영아 미안."

그 와중에도 동호는 세영이에게 미안하다고 사과했다.

"됐어. 다 왔으니까 이제 출발하자."

청제가 앞장섰다. 동호가 이내 따라와 청제와 어깨를 나란히 하고 걸었다. 연수와 세영이가 바로 뒤를 따랐다.

"왜 늦었냐?"

청제가 물었다.

"아 진짜 열 받아! 이따가 내가 맛있는 거 사려고 엄마한테 돈을 받아왔단 말야.'

거기까지 말해 놓고 뒤에 오는 세영을 힐끗 훔쳐보더니 갑자기 동호 목소리가 작아졌다.

"세영이가 좋아하는 아이스크림이 있거든, 그거 사서 나눠 먹으려고. 흠, 흠."

동호는 괜히 헛기침하더니 다시 목소리가 원래 크기로 돌아왔다.

"근데 거기 골목길 있잖아."

"옛날 병원 있던 자리?"

"응 거기. 빨리 오려고 그 길로 들어섰는데 거기에 상철이 형이 있어가지고, 에이 씨."

동호는 다시 기분이 상하는지 씩씩거렸다. 상철이는 6학년인데 누구나 상철이를 무서워했다. 주먹도 세고 싸움도 잘한다는 소문이 자자했다. 가끔 후배들의 돈을 뺏기도 하고 맘에 드는 물건이 있으면 빌려달라고 해서는 돌려주지 않는다고도 했다. 청제 짝꿍도 최신

형 볼펜을 상철이에게 빼앗겼다. 볼펜 심 색깔을 원하는 대로 선택해서 넣는 조립식 볼펜이었는데 '하루만 빌려줘라.'하고 가져가서는 주지 않았다.

"그 형이 있는 돈 다 내놓으라고 해서 다 털렸어."

동호가 제 가슴을 퍽퍽 소리가 나도록 쳤다.

"어머! 너 돈 뺏겼니?"

세영이가 끼어들었다.

"응, 뺏겼어."

동호가 고자질하는 꼬마처럼 말했다.

"그럼, 선생님한테 말해야지."

"안돼! 그건 절대 안 돼. 선생님한테 이르면 나 때린다 했단말야."

동호는 얼마나 급했는지 손바닥을 펴서 흔들며 금방이라도 세영을 막아설 기세로 말했다. 청제도 이런 얘기를 들을 때마다 어떻게 해야 할지 알 수 없었다. 대항해 싸우자니 용기가 안 났고 선생님께 이르자니 보복이 두려웠다. 그렇다고 모른 체 하자니 마음이 불편했다. 약속이라도 한 것처럼 아무도 입을 열지 않았다. 터벅터벅 발소리만 제법 더워진 바람에 실려 어디론가 사라져갔다. 청제는 걸음을 빨리 했다. 생각 같아서는 연수 손을 잡고 이 답답한 분위기를 벗어나고 싶었다. 하지만 그럴 수 없어 빨리 걷는 것밖에는 할 게 없었다. 저 모퉁이만 돌면 약수터가 보일 것이다.

"야! 이청제 같이 가!"

동호가 쫓아왔다. 연수와 세영이도 덩달아 뛰어왔다. 잠시 후,
"야 그늘이다."

세영이가 치마를 나풀거리며 제일 먼저 뛰어갔다. 긴 막대로 얼기설기 만든 지붕 위에 잘 자란 등나무 덩굴이 초록빛 그늘을 드리운 쉼터가 보였다. 긴 의자도 여러 개 있고 넓고 평평한 돌 탁자도 있어 간식을 먹고 쉬기에 맞춤한 장소, 바로 오늘의 목적지였다. 청제는 제일 먼저 연수의 가방을 받아들었다. 생각보다 묵직했다. 이렇게 무거운 걸 연수 혼자 들고 오게 했다니 청제는 미안한 마음이 들었다. 의자에 가방을 잘 놓아두고 청제는 바로 옆에 있는 약수터로 갔다. 가지런히 걸려있는 바가지를 하나 빼서 약수를 떠먹었다. 시원했다. 답답함까지 싹 내려가는 것 같았다. 연수도 따라와서 물을 마셨다. 연수는 얼굴이 발갛게 달아올라 있었다.

"아 시원하다. 청제야 나 이제 박새 알 수 있어."

연수가 바가지를 제자리에 놓으며 말했다.

"지금 저 나무에 앉아 있는 새가 박새지 그치?"

연수가 가리키는 곳을 보니 박새 여러 마리가 먹이를 찾느라 분주하게 움직이고 있었다. 그리고 보니 박새 소리도 들렸다. 청제가 고개를 끄덕였다.

"야 너희는 틈만 나면 둘이 말하니? 같이 좀 말하자, 빨리 이리 와."

세영이가 둘을 불렀다.

"아 배고파. 연수야 이 가방에 뭐 먹을 거 없어?"

동호가 연수 가방을 들어 보며 말했다.

"있어 줄게."

연수가 동호에게서 가방을 받아 열었다. 양상추와 얇게 썬 토마토를 넣어 만든 토스트와 유부초밥이 도시락 가득 들어있었다. 연수가 음료수를 꺼내는 사이 동호는 벌써 초밥 하나를 입에 넣고 우물거렸다.

"더럽게 손으로."

세영이가 이맛살을 찌푸렸다.

"너무 배가 고파서."

동호는 불룩해진 볼을 하고 세영이에게 말했다. 세영이는 토스트 하나를 골라 들더니 토마토를 빼내었다. 그 모습을 본 청제는 세영이 손에서 토스트를 확 뺏어버리고 싶었다.

"토마토 안 먹어? 그럼 나 줘."

동호는 세영이가 빼놓은 토마토를 날름날름 집어먹었다.

"삐잇 삐잇!"

그때 새 두 마리가 연이어 날아가며 시끄럽게 울었다.

"저 시커먼 새는 뭐냐?"

동호는 토마토즙이 입에 고이는지 연신 '스읍'소리를 내며 말했다.

"직박구리."

청제가 별것 아니라는 듯 말했다.

"직박구리? 나 저 새 도감에서 봤어. 이름이 재미있어서 기억하고 있었는데 정말 오늘 보게 됐네. 저 새 텃새잖아, 그치?"

세영이었다. 모두 놀란 눈으로 세영을 쳐다보았다.

"와 최세영, 너 이제 새 박사구나!"

동호가 세영을 추켜세웠다.

"사진으로 볼 때는 무늬가 굉장히 세련되어 보였는데. 꼭 눈꽃이 핀 거 같았거든. 그런데 실제로 보니까 다르네."

세영이는 동호에게 어깨를 으쓱해 보이고는 청제에게 말했다.

"햇빛이 어떻게 비추고 있느냐에 따라 새의 색깔이나 무늬가 달라 보여."

청제는 처음으로 세영이 말에 진지하게 답해 주었다. 세영이가 알겠다는 듯 고개를 끄덕거렸다. 그 사이에도 직박구리 서너 마리가 시끄럽게 울며 약수터 근처에서 여기저기 날아다녔다.

"아 못생긴 게 되게 시끄럽네!"

동호는 옆에 있는 친구를 타박하듯 말했다.

"그래서 우리 누나는 직박구리를 숲의 수다쟁이라고 해."

청제가 말했다.

"수다쟁이 딱 맞네."

'딱'하고 말하는데 기어이 동호 입에서 밥알이 튀어나왔다.

"아우 강동호! 아 정말 더러워."

세영이가 치마를 털며 도시락 뚜껑을 덮으며 난리가 났다. '누가 도도 공주 아니랄까 봐.' 목까지 차오르는 말을 꾹 참느라 청제는 침을 삼켰다. 그러다 연수와 눈이 마주쳤다. 그리고 그때 연수도 똑같은 마음이라는 것을 느낄 수 있었다.

"미안 미안."

동호는 제 입을 손으로 막으며 세영이에게 연신 사과했다.

"그런데 청제야 직박구리는 나는 모습이 참 예쁘다."

연수가 저만치 멀어지는 직박구리를 바라보며 말했다. 청제도 연수의 시선을 쫓았다.

"꼭 산봉우리를 올라갔다 내려갔다 하는 것 같아."

"그걸 파도 모양으로 난다고 해."

"아 그렇구나. 그리고 내려올 때 날개를 옆에 딱 붙이잖아, 그때 모습이 정말 예쁘다. 나는 새가 날 때는 무조건 날개를 파닥이는 줄 알았거든."

예전에 청제도 그랬었다. '저렇게 날개를 접고 아래로 내려오다 땅에 떨어지지 않을까' 하고 조마조마하기까지 했었다.

"난 이번 여름 방학에 새 관찰 일기를 쓸 예정이야."

아무것도 없는 치마 위를 여전히 털어내며 세영이가 말했다. 모두의 시선이 일제히 세영이게로 쏠렸다. 아무도 예상치 못 한 말이었다. 청제는 세영이의 얼굴을 찬찬히 들여다보았다. 세영이와 같은 반이 된 후로 세영이 얼굴을 이렇게 자세히 본 건 오늘이 처음이었다. '세영이가 눈이 저렇게 컸었나?' 쌍꺼풀진 큰 눈 속 까만 눈동자가 청제와 마주치자 잠깐 흔들렸다.

"이게 이렇게 놀랄 일인가?"

세영이가 고개를 갸웃하는데 오똑한 콧날이 사선으로 누웠다.

"너 서울에 있는 연기 학원 다닐 거라고 하지 않았어? 무슨 오디션 준비한다고."

동호가 놀란 눈을 하고 말했다.

"나도 그런 소문 들은 것 같아."

연수가 말했다. 세영이는 고개를 숙인 채 말이 없었다.

"그건 우리 엄마 계획이고."

한참 만에 말을 꺼내놓고 세영이가 아랫입술을 잘근잘근 씹었다.

"나 오디션 봤었어, 그것도 여러 번."

"그래서 어떻?"

동호가 말을 다 하지 못하고 입을 다물었다. 연수가 동호의 어깨를 지그시 누르며 천천히 고개를 가로저었기 때문이었다. 아무리 천방지축인 동호라도 '그러지 말라'는 연수의 눈빛을 읽을 수 있었다.

"다 떨어졌어."

세영이 눈에서 작고 투명한 물방울이 툭 떨어졌다. 순간 청제 가슴속에서도 무언가가 덜컥 내려앉았다. 청제는 자신도 모르게 몸을 흠칫했다. 연수가 세영이 옆으로 가서 세영이의 어깨를 토닥였다.

"아니 심사위원들이 눈이 다 삐었나? 어떻게 너처럼 예쁘고 똑똑한 애를 떨어뜨릴 수 있어?"

동호는 제 앞에 심사위원이라도 있는 것처럼 따지듯 말했다.

"다음에 더 좋은 기회가 있을 거야. 그러니 너무 실망하지 마 세영아."

연수가 조심스럽게 말했다. 청제도 무언가 위로의 말을 해야 할 것 같았다. 세영이가 그걸 기다리고 있다는 것도 느낄 수 있었다. 하지만 그 말을 하면 무언가 자신이 걷잡을 수 없는 것에 휩쓸릴 것만 같아 두려웠다. 청제는 끝내 아무 말도 하지 않았다.

"삐잇 삐이잇."

어디선가 직박구리가 날아왔다가 다시 날아갔다.

직박구리

우리나라 전국에 넓게 분포하는 대표적인 텃새이다.

깃털 끝이 뾰족한 회색빛이고 귀깃이 약간 붉은기가 돌거나 밤색이다. '삐익 삐이익' 하는 높고 큰 소리로 운다. 벚꽃잎부터 나뭇잎 벌레 배춧잎까지 못 먹는 게 없는 편이다. 겨울에는 주로 나무에 달린 작은 열매를 먹는데 공원이나 아파트 단지에 조성된 이팝나무 산수유 주목나무 회화나무 등의 열매가 많아 겨울엔 도심지에서도 쉽게 직박구리를 볼 수 있다.

10. 우리만의 파랑새

"누구누구 온다고 했지?"

찬장에서 접시를 꺼내며 연수 엄마가 말했다.

"청제랑 동호랑 세영이랑 은주랑 이렇게 넷."

연수가 엄지를 접고 나머지 손가락을 편 손을 보여주며 말했다.

"은주? 많이 못 들어본 이름인데?"

엄마가 식탁에 접시를 놓으며 말했다.

"응, 세영이 친구. 세영이한테 내 생일 잔치에 오라고 말하려는데 그날따라 내내 은주가 세영이랑 붙어 있더라구. 그래서 그냥 은주도 초대했지, 뭐. 세영이만 오라고 하면 은주가 기분 나쁠 거 같아서."

연수는 접시를 자리마다 하나씩 놓으며 말했다.

"어이구 우리 딸 착하기도 하지."

연수 엄마가 연수 궁둥이를 톡톡 두드리며 말했다.

"작년에 아라네 식구가 캐나다로 이민 가고 나서 엄마가 얼마나 걱정했는지 몰라. 너희 둘이 유치원 때부터 단짝이었잖아. 하도 붙어 다녀서 사람들이 너네 둘이 이란성 쌍둥이냐고 물어볼 정도였으니까 말 다했지, 뭐. 아라 가고 나서 너 한동안 밥도 잘 안 먹고 잘 놀지도 않고."

그랬었다. 엄마 말을 듣고 보니 그때 기억이 새록새록 떠올랐다. 연수에겐 처음으로 하는 이별이었는데 그게 하필 가장 친한 친구였다.

"그런데 네가 이렇게 친구들을 초대해서 생일잔치를 한다고 하니까 엄마는 한시름 놓아도 되겠구나 싶어 얼마나 다행인지 모르겠다. 참 아라랑 연락은 자주 하니?"

"아니."

연수가 시무룩하게 말했다. 처음엔 인터넷을 통하여 자주 소식을 주고받았다. 그런데 시차가 다르다 보니 조금씩 연락이 뜸해지다가 어느 순간엔 아주 끊겨버렸다.

"딸! 괜찮아. 나중에 어른 되면 다시 만날 수 있어. 너 새 친친도 생겼잖아."

엄마가 힘차게 말했다.

"그런데 엄마, 청제가 친친인건 비밀이야. 남자랑 친구라고 하면 얘들이 놀린단 말야. 오 학년 되니까 남자 여자 나뉘어가지고 서로 놀리고 편들고 아무튼 맘에 안 들어."

연수가 도리질을 쳤다.

"그 나이 때는 원래 그래."

엄마가 미리 싸 놓은 김밥을 도마 위에 올려놓고 가지런하게 썰기 시작했다.

"난 엄마가 해주는 김밥이 세상에서 제일 맛있더라."

연수는 엄마가 썰어놓은 김밥의 끝부분을 집어 먹으며 말했다.

"그럼, 엄마 약국 접고 김밥 장사 할까?"

엄마가 웃으며 말했다.

"아니. 난 엄마가 약국 하는 게 좋아. 참! 팥빙수는?"

연수가 생각난 듯 말했다.

"좀 있다가 한 시까지 배달해 달라고 제과점에 전화해 놨어. 참 좋은 세상이다. 팥빙수를 다 배달해 주고."

엄마가 썬 김밥을 커다란 접시에 모양 좋게 담았다.

"엄마 피자는?"

"올 때 됐을걸."

"떡꼬치는?"

"양념장만 바르면 됩니다요."

연달아 물어대는 연수 말에 엄마가 한숨 돌리듯 장난스럽게 답했다.

"아빠는 언제 오신대?"

"이따가 들어오신다고 하셨어. 내가 아이들 불편해한다고 늦게 오라고 했거든."

엄마가 눈을 찡긋하며 말했다. 연수는 아빠한테 조금 미안했지만 어쩔 수 없었다.

"연수야 이제 옷 갈아입어야지 시간 다 돼가는데."

엄마 말에 연수는 방으로 가서 오늘을 위해 엄마가 미리 사준 옷으로 갈아입었다. 거울 앞에 서서 옷매무새를 만지고 머리도 단정하게 빗었다.

연수는 거울 속의 자신에게 미소를 지어 보았다. 다시 한번 앞머리를 가지런하게 매만지고 거실로 나왔다.

"어디 보자 우리 딸. 예뻐, 오늘의 주인공답군. 옷이 아주 잘 어울리네."

연수 엄마가 주방에서 연수를 보며 말했다.

"딩동딩동."

은주와 세영이었다. 연수 엄마가 문을 열고 아이들을 맞이했다.

"안녕하세요?"

둘은 약속이라도 한 것처럼 동시에 인사했다.

"그래, 어서 오너라. 네가 세영이구나? 연수 말대로 참 예쁘게 생겼네."

연수 엄마가 세영이 머리를 쓰다듬었다.

"아줌마, 저는요?"

은주가 제법 숫기 있게 말했다.

"네가 은주? 아이고 예쁘고말고."

연수 엄마가 은주 머리도 쓰다듬으며 말했다.

"어서 와, 여기 와서 앉아."

연수가 둘을 불렀다.

"현관문을 아예 열어 놓아야겠다."

연수 엄마가 문을 열자마자 승강기 도착을 알리는 신호음이 울렸다.

"여기가 연수네 맞나요?"

동호였다.

"맞아, 얼른 와!"

은주가 말했다.

"네가 동호구나?"

연수 엄마가 동호를 맞이했다.

"아, 안녕하세요?"

동호가 꾸벅하고 인사를 했다.

"이제 청제만 오면 되는 건가?"

연수 엄마가 케이크를 거실에 있는 낮은 탁자에 놓으며 말했다.

"참! 오다가 정현이 만났는데 어디 가냐고 해서 연수생일 파티 간다니까 저도 가면 안 되냐고 연수한테 물어봐 달랬어. 연수야 어떻게 해?"

동호는 케이크 앞으로 바짝 다가앉으며 말했다.

"반장이?"

연수는 의외라서 동호에게 되물었다.

"오라고 하자 연수야 응?"

은주가 연수에게 조르듯 말했다.

"그래 연수 생일을 축하해 주는 사람이 많으면 더 좋지? 동호야, 정현이라고 했나? 오라고 전화해, 대환영이라고."

연수 엄마가 말했다. 연수가 난감한 눈빛으로 엄마를 쳐다보았다. 엄마는 연수가 무얼 걱정하는지 금방 알아차렸다.

"엄마가 전화하면 돼. 하나 더 가져오라고 전화할게."

그제야 연수가 동호를 보고 고개를 끄덕였다.

"반장! 오래 대환영이래. 아니, 연수네 아줌마가. 어느 아파트인지 알아? 맞어 그 아파트. 몇 동 몇 호냐면."

동호가 반장과 통화하는 동안 연수 엄마도 제과점에 전화해서 팥빙수를 추가 주문했다.

"청제가 왜 이렇게 안 오지?"

세영이가 문 쪽을 힐끗힐끗 보며 말했다. 연수도 문 쪽을 바라보다가 문득 세영이의 이런 모습이 낯설게 느껴졌다. '도도 공주가 누군가를 기다리다니.' 그때 승강기가 도착하는 신호음이 났다.

"청제다!"

동호가 반가움에 찬 소리로 말했다. 잠시 후 승강기 문이 열리자 어리둥절한 표정의 청제가 모습을 드러냈다.

"여기가 연수……."

청제는 양손에 커다란 부피의 비닐봉지를 들고 있었다.

"어서 와. 난 연수 엄마란다. 네가 청제구나."

연수 엄마가 청제를 맞이했다. 연수와 세영이가 동시에 자리에서 일어났다.

"안녕하세요?"

청제는 인사부터 했다.

"이거 할머니가 갖다 드리래요"

양손에 들고 있던 봉투를 내밀며 청제가 말했다.

"상추랑 깻잎이랑 이게 다 웬 거니?"

연수 엄마가 봉투를 받아 열어보며 말했다.

"할머니가 농약 한 번 안 하고 직접 키운 거라 안심하고 드셔도 된대요."

청제는 할머니가 전하라고 한 말을 한마디도 빼먹지 않으려는 듯 차근차근 말했다.

"아이구 이 귀한걸. 할머니가 참 또랑또랑한 손자를 두셨네. 심부름도 잘하고 말도 잘 전하고."

연수 엄마가 칭찬을 아끼지 않았다.

"우리 누나는 저더러 허탕 맹탕 얼갈이김치라는데요."

청제는 말해놓고 아차 싶었다. 동호가 있다는 걸 깜박 잊고 있었다. 이제 동호는 물 만난 고기처럼 당장 허탕 맹탕 얼갈이김치라고 놀려 댈 것이었다.

"누나가? 하하하."

연수 엄마가 유쾌하게 웃었다. 아이들도 따라 웃었다. 특히 동호는 배를 잡고 웃으며 청제를 손가락질했다.

"아니 이런 재치 넘치는 동생한테 왜 그런 말을 할까?"

연수 엄마가 겨우 웃음을 그치고 말했다.

"그게……."

청제는 '맞춤법을 자꾸 틀려서요.'라는 말이 목까지 올라오는 걸 참았다. 연수에게만은 들키고 싶지 않은 비밀이기 때문이었다.

"야 그런데 얼갈이김치는 뭐냐?"

동호는 여전히 키득거리며 말했다.

"얼간이라고 하고 싶은데 그랬다간 할머니한테 야단맞으니까 얼갈이김치라고 하는 거지 뭐."

청제는 그것까지는 숨길 수 없어 사실대로 말했다.

"누나가 짓궂네. 음 귀한 걸 받았으니 나도 보답을 해야지. 청제야 이리 와봐."

연수 엄마가 청제를 데리고 주방으로 갔다. 그러고는 냉장고에서 선물상자를 꺼내 뚜껑을 열었다.

"청제야 이거 홍시거든, 할머니께 갖다드려. 냉동실에 넣어 놨다가 먹기 한 십 분 전에 꺼내 놓으면 돼. 할머니께 귀한 채소 감사드린다고 말씀드리고 알았지? 내가 연수에게 챙겨주라고 말해 놓을 테니까 집에 갈 때 꼭 가져가야 한다. 일단은 다시 냉장고에 넣어 놓을게."

연수 엄마가 뚜껑을 덮고 다시 냉장고에 상자를 넣었다.

"네. 감사합니다."

"우리 청제는 예의도 바르네. 청제야 이리 와 볼래?"

연수 엄마가 청제를 꼭 안았다. 연수 엄마는 청제가 할머니 얘기를 할 때부터 '혹시 엄마가 안 계신 거 아닐까?'라고 생각했었다. 누나 얘기를 할 때는 확신이 들었다. 그런데도 얼굴에 그늘진 데 하나 없이 잘 커 준 청제가 대견하고 고맙기까지 했다. 연수 엄마는 엄마 마음으로 청제 등을 토닥여 주었다.

"아줌마! 이제 시작하면 안 돼요? 배고파요."

동호가 케이크에 코를 가까이 갖다 대면서 말했다.

"그럴까? 청제야 나가자."

연수 엄마가 청제 손을 잡고 거실로 나왔다. 그때 마침 피자가 배달되어 왔다. 동호는 더 이상 참을 수 없다며 케이크에 직접 초를 꽂고 불을 붙였다. 아이들의 눈 속에도 촛불이 켜졌다. 얼마나 급했는지 동호는 생일축하 노래도 먼저 부르기 시작했다.

"연수야 소원 빌고 촛불 꺼."

노래가 끝나자, 세영이가 말했다. 연수는 마음속으로 소원을 빌었다. '청제랑 헤어지지 않는 친친이 되게 해 주세요.'라고. 연수가 '후' 하고 촛불을 끄자, 아이들이 손뼉을 쳤다.

"이제 피자 먹어도 되지?"

동호는 벌써 어떤 조각을 집어 먹을지 고르고 있었다.

"야 강동호 그러지 좀 마."

은주가 동호를 제지했다.

"얘들아 잠깐만. 다들 이렇게 와줘서 고맙구나. 내가 있으면 불편할 테니까 난 이쯤에서 빠져줄게. 맛있게 먹고 재미있게 놀다 가렴. 연수야 다 끝나면 전화해."

연수 엄마가 전화하는 시늉을 하며 연수에게 말했다. 연수 엄마가 나가고 현관문이 닫히자, 아이들은 편안한 자세가 되었다.

"생일 축하해. 내가 준비한 선물이야."

세영이가 선물을 내밀었다. 고양이 모습으로 만들어진 필통이었다.

"나도 축하해."

동호가 선물을 주었다. 까만 봉지였는데 크기에 비해서 가벼웠다. 열어보니 과자가 한가득이었다.

"어머나! 다 세영이가 좋아하는 것들이네. 오늘이 연수 생일이지 세영이 생일이니?"

은주가 기막혀하며 말했다.

"여자애들이 무슨 과자 좋아하는지 몰라서 그런 거거든. 세영이가 좋아하는 거면 너희들도 좋아하는 거 아냐?"

동호는 변명하면서 세영이 표정을 살폈다.

"하여튼 핑계는. 연수야 이건 내 선물."

은주가 자그마한 선물을 내밀었다. 입술에 바르는 색조 화장품이었다.

"이제 너도 좀 꾸미고 다니라고 준비했어."

은주는 직접 뚜껑을 열어서 사용하는 방법을 알려주며 말했다.

"은주 너 써클 렌즈 했지?"

은주 눈을 유심히 바라보던 세영이가 말했다.

"응 예쁘지?"

은주는 뽐내듯 이쪽저쪽으로 시선을 돌려가며 렌즈를 확인시켜 주었다.

"우리 엄마는 그건 절대 안 된다고 하셔."

연수가 시무룩하게 말했다.

"야 이청제 얼갈이김치! 넌 무슨 선물 준비했냐?"

동호가 킬킬 웃으면서 청제에게 말했다.

"어 그게 아직 준비를 못 했어."

청제가 머뭇머뭇 말했다.

"뭐냐? 얼갈이김치 어떻게 선물도 없이 왔냐?"

동호가 면박을 주면서 놀렸다.

"그럴 수도 있지 뭘 그러니? 그리고 넌 친구를 그렇게 놀리고 싶니?"

세영이가 동호를 야단치듯 말했다. 연수는 세영이 말이 맞다고 생각하면서도 내심 청제에게 서운했다. 사실 이번 생일엔 청제만 초대하려고 했었다. 그래서 자신의 사진첩도 보여주고 엄마한테 맛있는 것 해 달래서 먹고 새를 보러 가자고 하고 싶었다. 은근히 청제가 어떤 선물을 줄까 기대도 했었다. 그런데 동호가 어떻게 들었는지 자기도 초대해 달라며 떠벌리는 바람에 이렇게 되어버린 건데 청제는 선물도 준비하지 않았다니.

"우리가 무슨 유치원생도 아니고 꼭 선물을 받아야 하는 건 아니잖아."

세영이가 제법 어른스럽게 말했다. 문득 세영이의 목소리가 들떠 있다는 느낌이 들어 연수는 기분이 이상했다.

"그럼, 청제야 오늘이 내 생일이니까 내가 원하는 선물 해주기,

어때?"

연수는 불길한 느낌을 털어내려 명랑한 목소리로 말했다.

"그래 그러면 되겠네."

은주가 맞장구를 쳤다. 세영이는 못마땅한 듯 입을 꾹 다물었다. 청제는 잠깐 뭔가 생각하는 눈치더니 이내 '좋아'라고 흔쾌하게 말했다. 그때 초인종이 울렸다.

"반장이다!"

동호가 소리쳤다. 연수는 미적미적하면서 문을 열었다. 미리 초대하지 않은 것이 미안해서였다.

"연수야 생일 축하해."

정현이는 아무렇지 않은 듯 연수에게 네모난 상자를 내밀었다.

"아이스크림 케이크다! 누가 아이스크림 전문점 집 아들 아니랄까봐. 그런데 안정현, 내 생일 때는 안 가져오고."

은주가 새침하게 말했다.

"대신 다른 선물 해줬잖아."

정현이도 지지 않고 말했다.

"고마워 그리고 미안해."

연수가 정현이에게 말했다.

"아이스크림 먹자!"

동호가 말했다.

"안돼! 연수꺼야."

정현이가 막아섰다. 연수는 어찌해야 할지 몰라 망설이는데 정현이가 주방으로 가 냉장고에 직접 넣어버렸다.

"참 내 치사해서. 아 그건 그렇고 연수야 무슨 선물 받고 싶은지 말해야지."

동호가 생각 난 듯 말했다. 아이들의 시선이 연수에게 쏠렸다.

"아 맞다. 새 이야기 해달라고. 청제야 괜찮지?"

연수가 청제를 보며 말했다. 청제는 당연히 괜찮다는 듯 고개를 끄덕였다. 세영이도 만족하는 눈치였다.

"에이 겨우 그거야?"

은주가 실망스러워했다.

"그럼 내가 물어보는 말에 대답해 줘. 음, 네가 제일 좋아하는 새는 뭐야?"

연수가 기대에 차서 물었다.

"팔색조. 정말 아름다운 새야 나도 딱 한 번 봤어."

청제가 답했다.

"팔색조라는 새가 정말 있구나 난 그냥 재주가 많은 사람을 말하는 건 줄 알았는데."

세영이가 관심을 나타냈다.

"그럼 이름이 제일 멋진 새는?"

연수가 물었다.

"멋쟁이새."

청제가 망설임 없이 답했다.

"이름이 멋쟁이야? 그런 이름도 있어? 재미있다."

정현이도 흥미로워했다.

"그럼, 파랑새 본 적 있어?"

은주가 궁금함이 가득한 얼굴로 청제에게 물었다. 그런데 청제 표정이 심드렁했다.

"응 여러 번 봤어."

청제는 대단한 일 아니라는 듯 말투도 덤덤했다.

"진짜? 우리도 볼 수 있니?"

세영이가 말했다. 청제는 말없이 고개만 끄덕였다.

"그럼, 언제 보게 해 줄래?"

세영이가 반드시 약속을 받아내겠다는 듯 말했다.

"아 나도 파랑새 보고 싶다."

연수가 말하자, 청제는 언제 시간 내서 같이 보러 가자고 말했다.

"연수야 다른 것도 먹으면 안 돼? 저기 김밥도 있는 거 같은데."

동호가 또 먹는 타령을 했다.

"그래 주방으로 가자."

연수가 아이들을 주방으로 데려갔다. 동호가 제일 신나 했다.

"우리 이거 먹고 읍내 나가자."

은주가 떡꼬치를 양념장에 찍으며 말했다.

"좋아. 그러자."

동호가 김밥을 입에 넣으며 말했다.

"아니 여자들만."

은주가 동호에게 말했다.

"아 왜? 야 우리도 읍내 가자 거기서 피시방 가면 되잖아."

동호가 남자아이들을 보며 말했다.

"난 안 돼. 이거 끝나면 할아버지 댁에 가야 해."

정현이가 김밥을 먹으며 말했다.

"나도 안 돼. 누나가 일찍 오랬어."

청제는 약간 자신 없는 말투였다.

"너네 할아버지 집이 어딘데?"

동호는 어떻게든 여자아이들을 따라가고 싶어 정현이라도 설득하려고 했다.

"탱자나무집."

"엉?"

동호도 청제도 놀란 얼굴로 정현이를 바라보았다.

"거기가 네 할아버지 집이었어?"

"응 왜?"

정현이가 이상하다는 듯 쳐다보았다.

"아냐 그냥."

동호가 말을 얼버무렸다.

"조금 있으면 팥빙수 올 거야 우리 그거 먹고 결정하자."

연수가 말했다. 사실 연수는 읍내에 가고 싶지 않았다. 청제랑 숲에 간다면 얼마나 좋을까 싶었다. 하지만 그러지 못하리라는 것을 연수는 알고 있었다.

그날 밤 연수는 컴퓨터 앞에 앉아 있었다. 메일을 확인하다가 자신도 모르게 소리를 질렀다.

"엄마! 아빠! 이것 보세요."

거실에서 텔레비전을 보던 엄마 아빠가 놀라서 연수 방으로 뛰어왔다. 연수가 첨부파일을 열자, 사진 한 장이 눈앞에 펼쳐졌다. 정말 파랑새였다. 시리도록 파란 물감으로 그린 듯한 새 한 마리가 가녀린 가지 위에 앉아 있는 사진이었다. 배 부분의 흰색 깃털은 손을 뻗어 만져 보고 싶을 만큼 보드라워 보였다. 날개깃은 금빛 도는 회색의 테두리가 파란색과 어우러져 황홀함마저 들었다.

"와아 멋진데!"

연수 아빠가 감탄했다. 연수 엄마도 화면에서 눈을 떼지 못했다.

"엄마 난 청제에게서 가을 하늘 같은 냄새가 난다고 생각했었거든. 꼭 이 파랑새 빛깔 같은 냄새야."

연수의 눈 속에 화면 속 큰유리새의 파란빛이 넘실거렸다.

"여보 우리 딸 커서 시인 되겠지?"

연수 엄마가 사랑스러운 눈빛으로 연수를 바라보며 말했다. 아빠도 말없이 고개를 끄덕였다. 연수는 한 자 한 자 아껴가며 청제의 글을 읽어 내려갔다. 맞춤법이 틀린 글자가 여기저기 보였지만 연수에게는 전혀 문제가 되지 않았다. 오히려 틀린 글자들이 정겹고 청제의 진심이 전달되는 것 같았다. 하루 종일 아지랑이처럼 연수 마음속에서 피어오르던 원인 모를 불안함이 말끔하게 사라지는 기분이었다.

연수에게
우리 아빠가 찍은 사진이야. 이 새의 이름은 파랑새가 아니고, 큰유리새야.
그런데 오늘 내가 이름을 새로 지어써. 우리만의 파랑새라고.
네가 원하면 아빠한테 졸라서 이 새 보러 갈게 너랑 가치.
그리고 선물은 새 도감이야. 월래 오늘 배송된다고 해서 그거 기다리느라고 늦었던 거야.
그런데 아까 너네 집에 갈 때까지 안와써. 좀 전에 와써. 내일 모래 학교에서 줄게.
참! 할머니가 홍시 잘 먹겠다고 감사하다고 말씀드리래.
난 너네 엄마가 참 좋아.
연수야 생일 축하해
그리고 나 맞춤법이 많이 틀려쓸거야. 놀리지마
친친 송연수 안녕.

큰유리새

몸길이 16.5cm로 참새보다 약간 큰 여름 철새이다.

깊은 골짜기의 낙엽활엽수림 지대에서 여름을 난다. 큰유리새 수컷의 윗면이 코발트색이고 머리 옆과 윗가슴은 검정색, 아랫면이 흰색으로 동화 파랑새에 나오는 파랑새와 이미지가 가장 비슷한 새이다.

11. 울어도 괜찮아

 눈에서 망원경을 떼고 은제는 무릎 위에 있는 수첩을 펼쳤다. 손목에 시계를 본 후 '11시 42분 암수 교대로 먹이를 물고 둥지에 들어갔다 나옴.'이라고 적었다. 아침부터 시작한 관찰이 벌써 세 시간을 넘고 있었다.
 은제는 수첩에 기록한 내용을 처음부터 읽어보았다. 관찰 기록이 대략 삼십 분 간격으로 적혀 있었다. 그렇다면 다시 삼십여 분이 지나야 새들이 올 것이었다. 은제는 연필을 수첩 사이에 끼운 후 수첩을 덮었다. 그리고 주변을 둘러보았다. 은제에게 그늘을 드리워 주었던 나무 그늘은 어느새 짧아져 저만치 멀어져 있었다.
 은제가 앉아있는 곳은 아직 작물을 심지 않은 밭 한가운데이었다. 야산을 개간한 밭이라 은제가 자리한 오른쪽엔 아직도 나무들이 숲을 이루고 있었다. 숲과 밭의 경계에 작은 풀들이 우거진 오솔길이 있고 길가를 따라 오래된 아카시 나무 대여섯 그루가 줄지어 서 있다.

은제가 눈을 떼지 않고 바라보고 있는 나무가 바로 그 나무 중에 있었다. 더 정확하게 말하면 그 나무의 줄기 높은 곳에 있는 오목눈이 둥지가 바로 은제의 관찰 대상이었다. 잠시라도 한눈을 팔았다가 다시 보려면 쉽게 찾아지지 않았다. 그만큼 둥지는 주변 환경과 완벽하게 어울렸고 잘 위장되어 있었다. 모양은 눈사람이 조금 녹으면 머리 부분이 녹아 약간 기울어진 것 같은 모습인데 옆으로 구멍이 나 있었다. 이끼와 거미줄로 만든 둥지는 원래 나뭇가지의 한 부분인 것처럼 자연스럽기 그지없었다. 게다가 꽤 높은 가지에 자리하고 있어서 웬만한 사람 눈에는 띌 수 없게끔 되어있었다. 은제가 이 둥지를 발견한 것은 보름 전 이었다. 아니, 어쩌면 그보다 훨씬 이전에 둥지와의 만남이 예정되어 있었던 것은 아니었을까? 은제는 그렇게 믿고 있었다. 그렇게 생각하는 데에는 이유가 있었다.

봄비치고는 꽤 많은 양의 비가 내리던 날이었다. 하굣길 버스 안에서 은제는 별생각 없이 창밖을 바라보고 있었다. 빗방울 떨어지는 차창으로 가로수가 지나가고 건물이 지나가고 저 멀리 산도 흐르듯 지나갔다. 정류장에 버스가 멈추면 세상도 멈추었다가 버스가 출발하면 세상도 다시 지나가는 것 같았다.

그러기를 얼마쯤, 은제는 무릎에 놓았던 가방을 어깨에 멨다. 다음 정류장에서 내려야 했기 때문이었다. 그때 은제는 자신도 모르게 버스가 금방 지나친 곳으로 고개를 홱 돌렸다. 진분홍 꽃들이 활짝 핀 꽃나무 한 그루가 은제의 시선을 확 잡아끈 것이었다. 얼핏 봐서는 복숭아꽃 같았는데 빗속이라 그런지 꽃잎 색깔이 지나치게 붉어 예사롭게 보이지 않았다. 달리는 버스를 멈추게 하고 달려가서 확인하고 싶어질 정도였다. 하지만 그럴 수 없었고 잊었었다.

그러다가 보름 전쯤 문득 그 나무가 생각났다. 확인해 보고 싶었다. 마침 일요일이었고 날씨도 좋았다. 은제는 걸어서 그 나무를 찾아갔다. 어렵지 않게 찾을 수 있었다. 그런데 이미 꽃은 다 졌고 나무는 특별한 것 없는 그저 그런 나무에 불과했다. 잎은 볼품없었고 줄기도 껍질이 군데군데 벗겨져 지저분해 보이기까지 했다. 실망스러웠다.

은제는 힘없이 돌아섰다. 그러다가 오솔길이 눈에 띄었다. 그리고 그 길 너머로 오색딱따구리 한 마리가 날아갔다. 은제는 오색딱따구리를 따라가 보기로 마음먹었다. 이내 실망감은 사라지고 새로운 호기심이 차올랐다. 꼭 보물을 찾아 떠나는 원정대가 된 기분이었다.

오솔길을 따라 한 모퉁이 돌아서자, 눈앞이 훤해지면서 바로 이곳이 나타났다. 달콤한 아카시 향기가 바람에 실려 떠다니고 누군가 양동이로 쏟아붓기라도 하는지 눈부신 햇빛이 밭에 한가득이었다. 오른쪽으로 눈을 돌리자 초록빛 그늘을 드리운 숲이 아름다운 비밀을 감추고 있는 듯 신비로워 보였다. 그리고 한적함! 은제는 자그맣게 탄성의 한숨을 내쉬었다.

어디선가 꾀꼬리 노랫소리가 들려왔다. 은제는 눈을 감고 귀를 기울였다.

"콕, 콕. 콕, 콕, 콕."

나무 쪼는 소리도 들렸다. 아마 근처에 쇠딱따구리가 있는 것 같았다. 그러고 보니 이곳은 새들의 세상이었다. 곤줄박이 한 마리는 오히려 은제를 구경하는 듯 주변을 날아다녔고 박새 두 마리는 아카시꽃에 매달려 꿀인지 꽃인지를 먹고 있었다.

"찌링 찌리링."

들릴 듯 말듯 아주 작고 여린 소리 하나가 은제 귀를 스쳐 갔다. '누구일까?' 은제는 소리의 주인을 찾아 두리번거렸다. 그리고 보았다 작은 새 한 마리를. 살짝살짝 분홍색이 내비치는 깃털과, 몸보다 꼬리가 긴 앙증맞은 새였다. 선을 그리듯 날다가 그 선을 끊듯 나뭇가지에 내려앉기를 반복하며 새는 은제 쪽으로 날아오고 있었다. 방향이 그럴 뿐이지 사실 너무 높은 가지 사이를 나는지라 은제에게 가까워지는 느낌은 들지 않았다.

망원경을 가져오지 않은 게 아쉬웠다. 좀 더 자세히 볼 수 있다면 좋을 텐데. 아쉬운 대로 은제는 눈으로 볼 수밖에 없었다. 높은 곳을 올려다보느라 목덜미가 뻐근해졌다. 은제는 고개를 좌우로 돌리며 목의 긴장을 풀었다. 시선은 여전히 그 새에게 둔 채였다. 한 아카시 나무 가지 뒤로 날아가는 것을 보고 잠깐 고개를 돌렸는데 이상했다. 그 짧은 순간에 새가 감쪽같이 사라졌다. 그렇게 굵은 가지가 아니므로 금방 그 가지 뒤로 새가 다시 보여야 했다. 그런데 아무리 기다려도 새가 나타나지 않았다.

"어디 갔지?"

은제는 혼잣말하며 그 가지 주변을 자세히 살폈다.

"아!"

은제는 자신도 모르게 신음을 냈다. 그 아카시 나무 가지에 있는 둥지를 발견한 것이었다. 그리고 곧 그 둥지에서 빠져나오는 새도 보았다. 그런데 꼬리가 타원을 그리듯 휘어져 있었다. 아마도 둥지 속이 넓지 않은 모양이었다. 하긴 은제가 보기에도 둥지는 너무 작고 귀여웠다. 그날 밤, 은제는 아빠에게 낮에 본 새에 대해 말했다.

그리고 다음 날 아빠와 함께 다시 이곳에 왔다. 청제도 물론 따라왔다. 아빠로부터 새 이름이 오목눈이라는 것을 듣고 은제는 약간 당황했었다. 오목눈이라면 전에도 본 적이 있었다. 있어도 여러 번 있었다. 그런데 왜 못 알아봤지 싶었다. 아빠 말로는 우리가 오목눈이새를 볼 때는 무리 지어 있는 모습을 주로 보기 때문에 이렇게 한두 마리만 따로 보게 되면 다른 새가 아닌가 하고 생각할 수도 있다는 것이었다. 그때 청제가 붉은머리오목눈이와 헛갈려 해서 아빠랑 웃기도 했었다. 결국 은제가 '우리 반에 은제가 또 있어. 최은제라고. 그럼 그 아이랑 나랑 똑같은 사람이게 아니게?'라고 우스갯소리까지 했었다.

그날 이후 은제는 거의 매일 이곳에 왔다. 대부분은 학교가 끝나고 오기 때문에 관찰을 맘껏 할 수 없었다. 그래서 늘 아쉬웠다. 은제는 오늘을 별러왔다. 토요일엔 할머니도 일부러 은제를 깨우지 않으셨다. 학교에 가지 않는 날이니 실컷 자라고 하셨다. 그 늦잠의 달콤함을 과감히 버리고 은제는 할머니와 함께 이른 아침을 먹었다. 점심때 먹을 도시락도 쌌다. 물론 대부분 할머니의 손을 거친 것이지만. 그리고 망원경부터 필기도구와 수첩, 손목시계와 휴대용 방석, 햇빛가리개용 두건까지 꼼꼼하게 챙겼다. 혹시 또 다른 진귀한 새를 만날 수도 있다는 생각에 새 도감까지 챙겼다.

처음 둥지를 발견했을 때 은제는 사다리라도 놓고 올라가 둥지 안을 들여다보고 싶은 심정이었다. 알이 있는지 있다면 몇 개나 있는지 아니면 부화해서 새끼들이 있는지 모든 것이 다 궁금했었다. 그래서 하루하루 관찰을 통해 알아가는 오목눈이의 모든 것이 신기하고 경이롭기까지 했었다.

은제는 그늘을 찾아 들어갔다. 휴대용 방석을 깔고 앉아 수첩을 펼쳤다. 맨 첫 장에 적어놓은 오목눈이에 대한 설명이 눈에 들어왔다. 관찰 일기를 쓰기로 결정하자마자 인터넷을 검색하고 백과사전을 찾아서 은제가 정리한 것이었다.

1. 이름: 오목눈이.

2. 분포: 아시아.

3. 사는 곳: 산이나 숲.

4. 크기: 12~14cm

5. 몸무게: 6~10g.

6. 참새목 오목눈이과에 속하는 텃새.

7. 생김새: 긴 꼬리와 가는 몸이 특징. 깃은 검은색과 흰색, 등과 배는 분홍색이 보임. 꼬리는 바깥쪽에 흰 선을 친 검은 색.

8. 번식 과정: 4~6월에 7~13개의 알을 낳아 14일 정도 알을 품어 부화시키고 그 후 14~17일간 새끼를 키움.

9. 먹이: 곤충류와 거미류를 주로 먹음.

기록을 다시 읽으니, 그때의 흥분이 고스란히 살아났다. 자신이 대견스럽게도 느껴졌다.

"이 학생 오늘도 왔네."

밀짚모자를 쓰고 밭일을 하던 아저씨가 말했다.

"아, 안녕하세요?"

은제가 자리에서 일어나 밝은 목소리로 인사했다. 밭의 주인아저씨였다. 관찰 이틀째던가 아저씨를 처음 만났다. 은제는 아저씨께 양해를 구해야 할 것 같아 먼저 인사를 하고 새를 관찰한다고 말씀드렸다. 아저씨는 아직 작물을 심지 않은 곳이면 어디든 관찰 장소로 삼아도 괜찮다고 했다. 은제는 아저씨를 여러 번 만났다. 아저씨는 언제나 일에 열중하고 있어서 인사만 하는 경우가 대부분이었다. 그러다가 한번은 아저씨가 은제에게 물었었다.

"그 새 이름이 뭐여?"

"오목눈이요."

"오목눈이? 그거 귀한 새여?"

'왜 어른들은 귀한 새인지 흔한 새인지가 중요하지?' 은제는 이런 질문을 받을 때마다 약간 당황스러웠다. 왜 귀한 새여야 관찰한다고 생각하는 건지.

"학교 숙제여? 맨날 와서 하는 거 보면 심심해서 하는 건 아닌 거 같구."

"숙제는 아니고요, 우리 지역 새의 생태에 대해 모니터링 하는 거예요."

"어디 그 쌍안경 좀 이리 줘 봐. 어디를 봐야 하는겨?"

아저씨는 은제 망원경을 들여다보며 궁금해했다. 망원경 사용이 익숙하지 않은 아저씨는 은제의 설명에도 불구하고 한참이 지나서야 둥지를 볼 수 있었다. 마침 둥지 주인인 오목눈이가 날아왔다.

"잘 안 뵈네. 새가 워낙 작구먼그려."

아저씨는 신기한지 '아이고 조것 봐라 아이고야.' 하고 감탄사를 연발했다. 망원경을 다시 은제에게 건넬 때 아저씨 눈자위엔 망원경의 둥근 원 모양 자국이 생겨 있었다.

"어쨌든 어린 학생이 대단하네. 하루 이틀도 아니고."

그 후로 아저씨는 은제를 볼 때마다 새의 안부를 묻곤 했었다. 오늘도 역시나.

"새들은 잘 크고 있는 거지?"

은제에게 말했다.

"네, 많이 자란 것 같아요."

"그려, 다행이구먼. 얼른 해 난 또 일해야 하니께."

아저씨는 은제와 이야기를 나누느라 올렸던 밀짚모자 챙을 다시 내리고 밭으로 가 이랑을 돋우는 일을 시작했다.

"찌링 찌링 찌링."

오목눈이 소리가 났다. 은제는 얼른 시간을 확인한 후 자리에서 일어섰다. 망원경을 눈에 대고 둥지에 시선을 맞추었다.

"아!"

은제는 신음 비슷한 탄성을 냈다. 둥지 밖으로 고개를 내민 새끼 새들 때문이었다. 좀 전까지만 해도 어미 새가 둥지 안으로 먹이를 주지 않았던가? 그런데 이렇게 둥지 입구까지 부리를 내밀어 먹이를 받아먹는다는 건 새끼들이 잘 자라고 있다는 의미였다. 망원경 속 부리는 세 개였다. 어미 새 한 마리가 그 부리에 차례로 먹이를 넣어주고 잠시 후 둥지 속에서 아기 새의 배설물을 물고 나왔다. 그러자 곧 또 한 마리의 새가 옆 가지에서 기다리다가 똑같이 반복했다.

"몇 마리나 있는 걸까? 정말 저 작은 둥지 속에 알을 열 개나 담을 수 있는 건가? 아니 알은 그렇다 치고 저렇게 움직이는 아기 새들은 저 속이 좁지 않을까?'

은제는 옆에 누가 있기라도 한 것처럼 혼잣말 했다. 그러다 문득 어젯밤 책에서 읽은 내용이 기억났다. '오목눈이 둥지는 신축성이 뛰어난 재료로 지어져 둥지가 비좁지 않음.'이라는 것이었다.

"아 맞아! 그렇다 했지. 그래도 참 신기하다."

은제는 망원경을 눈에서 떼고 다시 수첩을 펼쳤다. 그러고는 본 내용을 꼼꼼하게 기록했다.

"이대로 가면 이소하는 것도 볼 수 있겠지? 아기 새들이 둥지를 떠나서 엄마가 가르쳐 주는 대로 날아가는 모습 빨리 보고 싶다."

은제는 기지개를 한껏 켜며 기분 좋은 상상을 했다.

며칠 후, 아빠는 외출 준비를 하고 있었다. 자료를 챙겨 가방에 넣고 남방의 소매에 왼팔을 끼우면서 거울을 보았다.

"면도할 걸 그랬나?"

수염이 자라 있어 꺼칠해 보였다. 은제에게 자주 듣는 핀잔이 새삼 이해가 되었다. 하지만 시간이 없었다. 더 이상 지체하면 약속에 늦을 테고 그건 더욱 상대방에 대한 예의가 아니었다. 아빠는 가방을 어깨에 멘 후 신발에 발을 꿰었다. 상체를 구부려 신발 뒤축을 잡아당기는데 전화가 왔다. 이유 없이 가슴이 덜컥 내려앉았다. 처음 보는 번호가 액정 화면에 떠올랐다. 잠깐 망설이다가 전화를 받았다.

"아빠, 둥지가 없어!"

아빠가 '여보세요'라는 말도 하기 전에 맨바닥에 물을 쏟아붓듯 은제 목소리가 쏟아졌다. 아빠는 그럴 리가 있냐고 말하려고 했지만, 입이 떨어지지 않았다.

"아빠, 둥지가 없다니까욧!"

은제 목소리가 더욱 높아지며 끝내 갈라졌다.

"은제야, 이은제! 천천히 잘 찾아봐. 원래 그 둥지가 눈을 떼었다가 다시 찾으려면 잘 안 보였잖아."

말은 그렇게 했지만, 아빠는 안 좋은 예감이 목덜미에 와 달라붙는 것 같았다. 은제는 그렇게 건성으로 말하는 아이가 아니지 않은가 말이다.

"아, 알, 았, 어, 요."

은제는 마음을 다잡은 듯 한마디 한마디 힘주어 말했다. 어쩌면 울음을 참고 있는지도 몰랐다. 아빠는 약속을 취소하기 위해 전화를 걸며 발길은 이미 은제가 있는 곳으로 향하고 있었다.

자신의 예감이 틀리기를 고대하며 아빠는 한달음에 은제에게 달려왔다. 모퉁이를 돌자 저만치 은제가 보였다. 멀리서 보기에 은제는 그냥 서서 어느 한 곳을 무심히 바라보고 있는 것 같았다. 그러나 가까이 다가갈수록 은제가 겨우 버티고 있음을 알 수 있었다. 옆에 있는 나무를 한 손으로 짚고 서 있는 모습이 금방이라도 쓰러질 것 같았다. 그 옆엔 하늘을 봤다가 땅을 봤다가 어쩔 줄 몰라 하는 작업복 차림의 농부가 보였다.

"학생 아버지여? 큰일 날까 봐 나 집에도 못 가고 댁을 기다렸어. 나 인자 가야 쓰겄네. 학생이 상심이 큰 것 같어."

아마도 은제가 이 농부의 휴대 전화기를 빌려 전화했던 것 같았다. 농부는 은제 등을 한 번 두드려 주고는 급한 걸음으로 밭을 벗어나 멀어졌다.

"아빠아."

겨우 입을 뗀 은제 목소리가 젖어 있었다. '결국 일이 벌어지고 말 았구나.' 아빠는 얼른 은제를 붙잡았다.

"아빠 나 눈물 날 것 같아."

쓰러지듯 아빠 가슴에 안기는 은제 눈은 이미 눈물이 흥건하게 괴어 있었다. 아빠는 은제가 바라보던 곳을 보았다. 한마디로 처참했다. 둥지는 벗겨진 달걀 껍데기 모양으로 반 토막 나 있고 둥지 속에 깔았을 깃털이 어지럽게 널려 있었다.

"아하 저허 씨히 말로는 오늘따라 유흐 난히 새들이 시흐끄럽게 울긴 했대. 아빠 나아 우훌 것 같아."

훼손된 오목눈이 둥지

은제는 울음을 참느라 어깨가 들썩였다. 아빠는 뭔가 위로의 말을 해야 할 것 같은데 적당한 말이 떠오르지 않았다. '이런 일은 다반사란다.' '이게 자연이야.' 이런 시답지 않은 말만 맴돌았다.

오목눈이는 번식 성공률이 다른 새에 비해 높은 편이었다. 그래서 은제에게 좋은 경험이 될 것 같아 탐조해 보라고 추천했던 것이었다. 그런데 이렇게 돼버리다니. 맹금류에게 공격당한 걸까? 아니면 주변에 천적이라도 있었던 걸까? 사람이 훼손했다고 보기에는 둥지 높이가 가당치 않았다. 아빠는 생각해 보려 했지만 집중이 되지 않았다.

은제가 얼굴을 대고 있는 가슴께가 뜨거워서 아빠는 마음이 아렸다. 은제의 눈물로 옷이 젖고 있었다. 원래 은제는 잘 우는 아이가 아니었다. 어려서 엄마를 잃고 누구에게도 약한 모습을 보이고 싶어 하지 않았다. 그래서인지 은제는 울음을 잘 참는 아이였다. 그런 은제가 흐르는 눈물을 주체 못 하고 울음소리를 내지 않으려 숨을 삼키고 있었다.

"은제야 울어도 괜찮다. 그래 울어도 괜찮아."

아빠가 조심스럽게 말했다. 은제는 이제껏 아빠의 그 허락을 기다리기라도 한 것처럼 어깨를 크게 한 번 들썩이더니 이내 통곡을 쏟아냈다. 아빠가 은제 등을 가만가만 토닥였다. 은제의 서러운 울음소리가 숲으로 퍼지자, 나무도 흐느끼듯 몸을 흔들었고 새들도 소리 없이 조용조용 날았다. 하늘도 곧 울 것처럼 구름이 잔뜩 끼어 있었다.

오목눈이

산지 숲에서 번식하는 텃새이다.

부리 끝에서 꼬리깃 끝까지 길이가 약 14cm인데 꽁지 길이가 8cm로 몸보다 더 길다. 한자리에 오래 머물지 않고 나무와 나무 사이를 빠르게 이동한다. 땅 위에 내려앉는 일은 매우 드물고 나뭇가지에 앉아 고개를 갸웃할 때 모습은 배부분의 분홍색과 어울려 귀여운 아기를 떠올리게 한다.

12. 초록빛 바람이 불면

"비가 왜 이렇게 안 그치는 거야? 축구도 못 하게, 아 짜증 나!"

동호가 창밖을 바라보며 투덜거렸다. 이틀째 계속된 비로 쉬는 시간에도 교실에만 있으려니 좀이 쑤시는 모양이었다.

"청제야, 우리 그냥 비 맞으면서 축구할까?"

동호가 청제를 돌아보며 말했다.

"됐거든!"

청제는 심드렁하게 대답하고는 책상 위에 엎드렸다. 청제는 기분이 별로 안 좋았다. 며칠 전부터 은제가 저기압이었다. 할머니도 아빠도 은제 눈치만 보는 것 같다.

오늘 아침만 해도 그렇다. 은제가 아무 말도 하지 않았는데 아빠가 면도하고 새 옷을 꺼내 입었다. 할머니도 아침밥을 먹고 나자, 입

가시하라고 오렌지를 상에 올려놓았다. 이건 정말 일 년에 한두 번 있을까 말까 한 일이었다. 할머니는 수입 과일을 좋아하지 않으셨다. 저 바다 건너 먼 데서 오려니 상하지 않게 하려고 얼마나 많은 방부제를 뿌렸겠냐가 할머니의 주장이었다. 그래서 은제도 오렌지를 좋아하면서도 오렌지 사달라는 소리를 거의 하지 못했고 그러다 보니 자연히 오렌지를 자주 먹을 수 없었다. 그런데 은제의 반응이 영 신통치 않았다. '아빠 좋아 보여요.'라고 마지못한 듯 한마디하고 오렌지도 두어 쪽 먹다가는 접시를 청제 앞으로 밀어놓는 것이었다. 그 바람에 청제가 오렌지를 혼자서 거의 다 먹는 횡재를 맞았지만 뭔가 찜찜한 기분이었다.

"뭔가 있는데 분명 내가 모르는 무언가가."

청제는 엎드린 채로 중얼거렸다. 그때 담임선생님께서 교실에 들어오셨다. 군데군데 모여서 떠들던 아이들이 일시에 조용해졌다.

"자, 오늘은 어제 얘기한 대로 특별수업이 있어요."

"선생님! 아직 종 안 울렸는데요?"

동호가 쉬는 시간을 뺏긴다고 생각했는지 기어이 한마디 했다.

"알아요, 하지만 이동수업을 해야 해서 어쩔 수 없어요. 자 5학년 3반 지금부터 모두 시청각실로 가세요. 뛰지 말고."

선생님이 방금 한 당부에도 불구하고 몇몇 남자아이들이 좋은 자리를 차지하기 위해 후다닥 뛰어갔다. 청제는 천천히 자리에서 일어나 아이들을 뒤따랐다. 사실 청제는 오늘 특별 수업이 있다는 것도 몰랐다. 요 며칠 은제 때문에 정신을 놓고 있었다.

시청각실에 도착해 보니 일찍 온 아이들이 벌써 자리를 잡고 앉아 자기들끼리 장난을 치고 있었다. 영상기기가 있는 교실 중간 부분의 자리엔 양복 차림의 남자 어른 한 분이 등을 보인 채 기계조작을 하면서 화면을 조정하고 있었다. 청제는 가까운 자리에 빈 의자를 끌어다 되는대로 앉았다.

"다 왔나요?"

선생님이 교실 안을 둘러보며 말했다.

"학기 초에 읽기 수업을 하면서 선생님이 여러분에게 약속한 것이 있어요. 2단원 수목원에서를 배울 때 한 약속인데 혹시 기억하는 사람?"

아는 사람은 손을 들어보라는 듯 선생님은 오른손을 들어 보이며 말했다. 아이들은 서로 얼굴만 쳐다볼 뿐 아무도 답하지 못했다. 그때 세영이가 조심스럽게 오른손을 들었다.

"그래, 세영이!"

"동고비 보여주신다고."

세영이 말이 끝나기도 전에 선생님이 고개를 끄덕이셨다. 어디선가 '역시 최세영'이라는 탄성이 나왔다.

"그래요. 그래서 그 약속을 지키려고 오늘 한 대학의 교수님을 모셨어요. 워낙 유명한 분이라서 이렇게 모시느라 얼마나 힘들었는지 몰라요. 시간이 없다고 하셔서 여러분들이 동고비를 굉장히 보고 싶어 한다고 말했어요. 5학년 3반 선생님 말이 맞죠, 동고비 진짜 보고 싶죠?"

선생님은 선의의 거짓말에 아이들을 끌어들였다. 순식간에 아이들은 선생님의 의도를 눈치채고 기꺼이 한목소리로 '네'라고 대답했다.

"자, 새 박사님이신 이시형 선생님을 소개할게요."

선생님의 소개와 함께 아이들의 박수 소리가 이어졌다.

"많이 들어 본 이름인데, 이, 시, 형?"

하고 혼잣말로 중얼거리다 청제는 하마터면 자리에서 튀어 오를 뻔했다. 그건 아빠 이름이기 때문이었다.

"여러분 안녕? 방금 선생님께 소개받은 이시형입니다."

어색하게 양손을 흔들며 아이들에게 인사를 건네고 있는 사람은 분명 아빠였다. '그럼, 좀 전에 기계를 만지고 있던 사람이 아빠?' 청제는 어안이 벙벙했다.

"여러분과 같은 반인 이청제 아빠죠."

아빠 말에 아이들의 시선이 일제히 청제에게로 향했다. 청제는 정신을 차릴 수가 없었다. 수십 개의 불꽃이 눈앞에서 펑펑 터지는 것 같았다. 특히 세영이의 놀란 눈과 마주쳤을 때는 불에 덴 것처럼 가슴 속이 뜨거웠다.

"동고비는 숲에서 어렵지 않게 볼 수 있는 텃새입니다. 딱따구리가 썼던 둥지를 이용하여 번식하는 습성이 있죠. 크기가 참새 정도로 작은 편인데 동작이 상당히 빨라 사진을 찍기가 쉽지 않습니다. 그래서 말인데 화면이 좀 어둡고 선명하지 않더라도 이해해 주기 바라요. 자, 이제부터 동고비의 영상을 볼 텐데요, 다 본 후에 퀴즈가 있어요."

"그거 맞추면 상품 주나요?"

동호가 아빠 말 중간에 끼어들었다. 세영이는 창피하다며 동호에게 눈을 흘겼지만, 대부분 아이들은 은근히 상품을 기대하는 눈치였다.

"당연히 있지!"

아빠가 흔쾌하게 말했다.

"와아 신난다!"

동호가 손을 머리 위로 들어 수건을 돌리는 것처럼 흔들며 좋아했다. 아빠가 영사기를 조작하는 기계가 있는 자리로 돌아가고 선생님이 전등을 끄자, 시청각실이 어두워졌다. 그리고 곧이어 화면에 동고비 사진이 나타났다. 한 가운데 시커먼 구멍이 뚫린 나무줄기에 새 한 마리가 꽁지를 하늘 쪽으로 하고 머리와 주둥이를 앞으로 쭉 내밀고 앉아 있는 사진이었다. 등 부분의 청회색과 귀 뒤까지 길게 이어진 굵고 검은 눈선과 날카롭고 단단한 부리가 인상적이었다.

"동고비는 나무타기의 달인입니다. 딱따구리 종류의 새들도 나무를 잘 타는데 위에서 아래로 내려오는데는 동고비가 단연 으뜸이죠."

아빠는 설명과 함께 기계를 작동시켜 오색딱따구리의 사진으로 화면을 바꾸었다. 강한 발톱으로 나무줄기를 움켜쥔 채 나무와 평행

선처럼 서 있는 모습이었다.

"이 녀석은 오색딱따구리 수컷입니다. 머리 위에 붉은색 깃털이 보이죠? 참 멋진 새입니다."

아빠의 말에 여기저기서 '네'라는 답이 나왔다. 청제는 아빠의 목소리가 이상하게 낯설어서 누가 간지럼을 태우는 것처럼 몸이 간지러웠다.

"자 그러면 다시 동고비로 돌아와서 이 동고비가 앉아있는 나무는 은사시나무입니다. 이름이 참 예쁘죠. 바람에 흔들리는 잎은 더 예쁩니다. 멀리서 보면 반짝반짝 별이 손을 흔드는 것 같거든요. 이 나무는 새들에게 아주 중요합니다. 나무속이 단단하지 않아서 딱따구리 같은 새들이 둥지로 사용하기 위해 여기 사진에 보이는 것처럼 이렇게 구멍을 냅니다."

화면은 다시 처음의 사진으로 돌아와 있고 아빠가 레이저 펜으로 나무의 구멍 부분을 둥글게 그리며 가리켰다.

"이 딱따구리 둥지는 나중에 다른 새들의 보금자리로 재활용됩니다. 이 둥지는 여러 새가 탐냈던 곳입니다. 박새는 물론이고 곤줄박이, 그리고 원래 이곳의 주인이었을지도 모르는 딱따구리에다가 동고비만도 지금 이 주인공 말고 다섯 마리나 경쟁했던 곳이니까요."

아빠의 설명에 아이들이 빠져들고 있었다. 청제는 잘 보이는데도 불구하고 목을 빼고 화면을 보았다. 반 친구들의 뒤통수가 화면에서 나오는 빛을 받아 어둠 속에서도 둥글둥글한 윤곽을 만들었다. 그리고 놀랍게도 그 뒤통수 중에서 연수를 구별해 낼 수 있었다. 잘 보면 보인다더니 정말 그런 것 같았다. 더구나 그 표정 없는 뒤통수만으로도 연수가 얼마나 아빠 이야기에 빠져 있는지 알 것 같았다. 청제는 차츰 어색함이 가시면서 마음이 진정되었다. 연수에게 아빠를 자랑할 수 있을 것 같아 설레기까지 했다.

"부리에 물고 있는 나뭇조각이 보이죠? 이건 동고비가 둥지를 보수하는 모습입니다. 즉 자신들에게 맞게 집을 고치는 거죠. 아마도 구멍 안의 깊이가 너무 깊은가 봐요. 그래서 나무껍질이나 가지를 주워 채우는 겁니다. 그리고 이 사진은 진흙을 물어 나르는 모습인데요, 입구를 자신들만 드나들 수 있을 만큼 남기고 이렇게 다 메꿉니다. 내가 세어 본 바로는 이 진흙을 하루에 오십 번 넘게 나른 날만 해도 이십여 일이 넘어요. 비 온 날에는 하루에 백번 정도 날랐습니다."

"우와!"

동시에 여러 아이의 탄성이 터져 나왔다. 동고비가 둥지를 완성하고 그곳에 알을 낳아 부화시키고 새끼를 키워 이소시키는 과정을 아빠는 사진과 함께 이야기를 들려주듯 설명해 나갔다. 아이들은 아빠 이야기를 따라 함께 즐거워하고 안타까워하기도 하면서 동고비와 하나가 되어갔다. 청제는 소리 없이 타오르는 불꽃처럼 교실에 차오르는 열기 같은 것을 느낄 수 있었다.

이소가 끝난 빈 둥지 사진을 마지막으로 아빠의 모든 설명이 끝났다. 여기저기서 아쉬움의 탄성이 들렸다.

"이제 퀴즈가 나갑니다."

아빠 말에 아이들이 다시 조용해졌다. 화면에 두 마리의 동고비 사진이 나타났다. 한 마리는 옆으로 뻗은 가지에 앉아서 주변을 경계하는 모습인데 눈매가 매서웠다. 다른 한 마리는 둥지 옆 나무줄기에 두 발로 서 있는데 깃털이 정돈이 안 돼 말끔치 않은 모습이었다. 아빠는 화면을 정지시켜 놓고 교탁 앞에 가서 섰다.

"자 여기서 누가 암컷일까요?"

"저요!"

일초의 망설임도 없이 손을 번쩍 든 건 동호였다. 모두의 시선이 동호에게 쏠렸다.

"좋아요, 거기 학생 말해 봐요."

"청제 말로는,"

동호가 말을 떼어 놓고 잠시 머뭇거리는 사이 아이들이 일제히 청제를 바라보았다. 청제는 당황해서 어쩔 줄 몰라 고개를 숙이며 아이들의 시선을 피했다.

"사람이나 짐승이나 남자가 더 아름답다는데 왜 동고비는 둘이 똑같이 생겼대애요오?"

동호의 말끝이 음정 잃은 노래처럼 오르락내리락했다. 선물을 받을 생각에 손부터 들었는데 막상 답을 모르자, 자신도 모르게 대답이 아니라 묻는 말이 되어버렸다. 아빠는 청제가 자기 말을 귀담아들었다는 것을 알게 되어 흐뭇하였다. 얼굴에 미소가 번졌다.

"그러니까 퀴즈지. 자신 없으면 다른 사람?"

"아뇨, 아뇨! 저는 저기 가지에 앉은 새요."

동호가 얼른 답했다. 그때 세영이가 조용히 손을 들었다.

"아 저기 방금 손 든 여학생!"

아빠가 세영이를 지목했다.

"제 생각엔 둥지 옆에 있는 새가 암컷 같아요. 엄마들은 아기를 돌보아야 하니까 아기새 옆에 가까이 있지 않을까요?"

세영이가 차근차근 자기 생각을 말했다.

"둘 다 정답입니다."

"에이 그런 게 어디 있어요?"

아빠의 말에 누군가 불만 섞인 투로 말했다.

"사실 나도 둘 중에 누가 암컷인지 정확히는 모릅니다. 대부분 새는 아까 남학생의 말대로 수컷의 외모가 더 화려합니다. 그런데 개중에는 이렇게 암컷과 수컷의 모습이 비슷하게 생긴 새들도 있죠. 특히 동고비는 아주 비슷합니다. 잡아서 확인해 보지 않는 한 이렇게 겉모습만 보고는 구별이 힘들어요. 단 추정할 수는 있습니다. 여기 둥지 옆에 앉은 새는 모습이 왠지 지저분해 보이죠? 새끼들을 돌보느라 깃털을 가다듬을 새가 없는 겁니다. 또 여기 부리 끝을 잘 보세요. 저 동고비에 비해서 많이 뭉툭해져 있죠? 둥지를 만드느라 부리를 많이 썼기 때문입니다. 그런데다가 이 나뭇가지에 앉아 있는 동고비는 암컷이 둥지를 보수하는 동안 내내 주변에 위험한 것이 없는지 경계를 서

주었습니다. 그래서 둥지 옆에 동고비가 암컷, 가지 위에 동고비가 수컷일 거로 추정해 보는 거죠."

여기저기서 알겠다는 듯 '아'하고 탄성 소리가 들리기도 하고 고개를 끄덕끄덕하는 아이들도 있었다.

"선생님, 불 좀 켜 주시겠어요?"

아빠의 말에 선생님이 스위치를 켜자, 실내가 환해졌다.

"아 눈부셔."

동호가 손등으로 눈을 비비며 말했다.

"좀 전에 퀴즈 맞힌 사람, 이거 받으세요. 상품입니다."

아빠가 동호와 세영이에게 새 도감 책을 선물로 주셨다.

"여러분! 재미있었죠?"

담임선생님이 아이들에게 물었다.

"네에!"

아이들이 한목소리로 길게 답했다.

"그럼, 이시형 박사님께 큰 박수로 감사의 인사를 할까요?"

아이들이 함성을 섞어 아빠에게 손뼉을 쳤다. 아빠가 허리를 숙여 인사를 한 후 특별수업을 마쳤다. 창밖엔 어느새 비가 그치고 구름 사이로 청명한 햇살이 비추고 있었다.

시청각실을 나서 교실로 돌아오는 길에 청제는 남자아이들에 둘러싸이다시피 했다. 대놓고 '좋겠다.'고 말하는 친구도 있었고 빈 주먹으로 청제의 어깨를 툭툭 치는 걸로 부러움을 표시하는 친구도 있었다. 동호가 뒤늦게 따라왔다. 도감을 좌라락 소리가 나게 넘겼다 덮기를 반복하며 은근히 상품을 자랑하는 눈치였다.

"나 좀 보여줘."

한 아이가 동호에게 달려갔다. 그러자 청제를 에워싸고 있던 아이들이 우르르 동호에게 몰려갔다. 청제는 그 틈에 아이들에게서 벗어났다. 그러자 세영이가 청제에게 다가왔다. 무슨 말을 할 듯 잠시 머뭇거리더니

"아니야."

하고는 그냥 가버렸다.

"참 내."

청제는 어이가 없었지만, 그것도 잠시 우쭐한 마음에 구름 위를 걷는 것처럼 발걸음이 가벼웠다. 춤추는 마법에 걸린 신발을 신으면 이런 기분일까 싶었다.

"얘들아! 조용히 해봐. 오늘은 선생님이 직접 청소 검사를 하실 거래. 그러니까 청소 끝나도 집에 가지 말고 교실에 남아있어, 알겠지? 이제 청소 시작해."

청제가 교실에 들어갔을 때 반장이 선생님 말씀을 전하고 있었다. 아이들이 투덜대는 소리와 책걸상이 부딪는 소리가 한데 섞여 교실이 시끄러웠다. 청제도 걸상을 책상위에 올려놓는데 반장이 청제를 불렀다.

"이청제! 선생님이 오라셔. 교무실로 가 봐. 동호도 같이 오라고

했는데 얜 또 어디 가서 안 보이는 거야? 아무튼 너 먼저 가봐."

반장은 동호를 찾아 두리번거리며 말했다.

청제가 교무실에 갔을 땐 담임선생님 자리가 비어 있었다. 옆자리 선생님께서 교사 휴게실로 가라고 일러 주셨다. 청제는 교무실을 나와 복도를 걸었다. 청소 시간이라 다른 층은 시끄러웠지만 주로 선생님들의 공간으로 채워져 있는 일 층 복도는 조용했다. 복도 끝에 있는 휴게실로 가는 동안 청제는 괜스레 가슴이 설레었다. 이유 없이 무슨 좋은 일이 생길 것 같은 예감이 들었다. 휴게실에 가까워지자, 어른들의 말소리가 들려왔다. 청제는 조심스럽게 발걸음을 떼며 휴게실 바로 앞까지 왔다.

"저번에 말씀드렸다시피 아이들이 안전하면서도 지속적으로 관찰할 수 있는 장소가 필요합니다."

아빠 목소리였다. 문이 열려 있어 휴게실 안이 한눈에 보였다. 둥근 탁자를 사이에 두고 아빠와 선생님이 마주 앉아 있었다. 탁자 위에 놓인 종이컵엔 커피가 담겨있는지 커피 향이 코끝을 스쳤다. 순간 청제는 자리에 주저앉을 뻔했다. 이 낯익은 광경이 청제의 어깨를 마구 흔들며 '에이 바보야!'라고 소리치는 것 같았다. 옆으로 약간 비껴 앉긴 했지만, 저 뒷모습은 바로 예전 읍내의 그 커피숍에서 본 바로 그 모습이었다. 그리고 보니 넥타이를 맨 것 빼고는 아빠도 그날의 모습 그대로였다. 선생님이 어려워 어쩔 줄 모르는 모습까지 정말 똑같았다. '아 그랬구나. 특별수업 때문에 아빠가 우리 선생님을 만난 거였

어. 다른 아줌마를 만난 게 아니었어!'

"네 그때 커피숍에서 뵀을 때 그렇게 말씀하셨죠. 그래서 제가 적당한 장소를 물색해 놓았어요. 저 아래에 탱자나무 울타리 집이."

선생님의 말소리가 아름다운 노랫소리인 듯 청제 귀에 달콤하게 감겼다.

"쿵쾅쿵쾅!"

청제는 저도 모르게 양손으로 가슴을 싸안았다. 심장 뛰는 소리가 어찌나 큰지 다른 사람에게 다 들릴 것 같았다. 하지만 그 소리는 멈추지 않고 오히려 점점 더 크게 들렸다.

"늦어서 죄송합니다!"

동호였다. 동시에 쿵쾅 소리가 멈추었다. 청제는 가슴을 쓸어내렸다. 그건 청제의 심장 소리가 아니었다. 늦었다고 생각한 동호가 급하게 복도를 뛰어오는 발소리였다.

"동호 왔구나. 청제도 왔네. 이리 들어와."

선생님이 청제와 동호를 불렀다. 동호는 늦게 온 것을 만회하려는 듯 청제의 어깨를 밀치며 먼저 휴게실 안으로 들어갔다. 청제는 동호를 따라 들어가면서 아빠 얼굴을 바라보았다. 아빠가 청제에게 한쪽 눈을 찡긋해 보였다. 청제는 아빠에게 와락 안겨 엉엉 소리 내어 울고 싶었다. 가시가 박힌 듯 시도 때도 없이 청제의 마음을 찔러대던 그 불쾌한 감정이 저절로 녹아내리더니 자취도 없이 사라졌다. 그 개운함이란 말로 다 표현할 수 없었다.

"요 녀석들이 탐조한다고 청소도 빼먹고 내뺀 녀석들입니다."

선생님이 웃음기 머금은 얼굴로 말씀하셨다.

"아뇨, 청제는 청소했구요, 저만……."

동호가 청제의 눈치를 보면서 말끝을 흐렸다. 청제는 여전히 아빠 얼굴을 쳐다보고 있었다. 그런 건 하나도 중요하지 않았다.

"그래서 이 녀석들을 탐조 동아리 회원으로 무조건 가입시키려 합니다."

"그렇습니까? 하하하."

아빠가 크게 소리 내 웃었다.

"탐조 동아리 생겨요?"

동호가 눈을 동그랗게 뜨며 물었다.

"그럴 예정이다. 그래서 탐조할 장소가 필요하거든. 강동호 이청제, 밀린 따숙 있지?"

선생님이 따숙에 유난히 힘을 주어 말했다. 동호가 고개를 푹 숙였다.

"저 아래 탱자나무집 알지? 그 집에 가서 탐조하게 해달라고 주인 어르신께 허락 받아오는 게 숙제다. 언제 할 수 있지?"

동호는 청제를 곁눈질했다. 청제는 그제야 아빠에게서 눈길을 떼고 선생님을 보며 고개를 끄덕였다. 아빠에 대한 오해가 풀린 이 마당에 못 할 일은 아무것도 없었다.

휴게실을 나서자, 동호가 청제의 옆구리를 툭툭 쳤다.

"야 어떻게 할 건데? 그 할아버지 완전 무섭던데."

"무슨 걱정이야, 정현이가 있잖아. 거기 정현이 할아버지네라고 연수생일 잔치 때 같이 들었잖아."

청제는 아무 문제없다는 듯 자신 있게 말했다.

"아아! 그렇구나! 그 방법이 있었네."

동호가 반색했다.

"동호야 우리 이따가 자전거 탈래?"

"그거 조오치!"

동호가 무릎까지 치며 동의했다.

"연수도 같이 하자고 할 건데 너 세영이테는 말하지 마."

"왜?"

"세영이는 자전거 못 타잖아."

"세영이 자전거 타는 거 배웠어."

"진짜?"

"그래 얼마나 열심히 했는지 사흘 만에 배웠대. 다리가 성한 데가 없대."

'그럼, 아까 세영이가 하려던 말이 그거였나?' 청제는 시청각실 앞에서 세영이가 머뭇거렸던 것을 떠올렸다.

"그리고."

동호가 청제 어깨에 팔을 두르며 은근하게 말했다.

"그리고?"

청제가 동호 말을 그대로 따라 했다.
"우리 탐조 동아리 회원이니까 오늘 새도 보자."
"물론이지."
둘은 기분 좋게 웃었다.
"그럼 나 먼저 간다."
동호가 청제 어깨에 둘렀던 팔을 풀며 출발선에 선 달리기 선수 같은 자세로 말했다.
"왜?"
청제가 의아해하며 물었다.
"세영이에게 이 기쁜 소식을 빨리 알리려고."
말을 마치자마자 동호는 뒤도 안 돌아보고 뛰기 시작했다. 그렇다면 청제는 더 빨리 달려야 했다. 연수에게 하고 싶은 말이 너무 많았다. 청제는 연수가 있는 교실을 향하여 전력으로 달리기 시작했다. '그러다 넘어질라.' 복도에 머물던 바람이 아이들의 옷자락을 야무지게 잡아당기며 뒤따르다 교실에 도착해서야 놓아주었다. 달리기를 멈추고 거친 숨을 몰아쉬는 두 아이의 얼굴에 싱그런 즐거움이 방울방울 맺혔다. '자, 이제 친구들에게 가서 소식을 전해야지.' 바람이 슬며시 두 아이의 등을 밀어주었다. 손등으로 이마를 쓱 훔치고 연수를 향해 성큼성큼 걷는 청제 얼굴에 웃음이 넘쳐흘렀다.
할 일을 마친 바람은 햇살이 열어 놓은 창문으로 가볍게 날아올랐다. 운동장을 지나 탱자나무집 울타리에 잠시 앉았다가 마을 뒷산으로 향했다. 풀에 꽃에 그리고 나무에 나누어줄 초록빛을 가득 머금고 새들에게 전할 소식으로 한껏 부푼 바람은 시간의 날개를 타고 높이 높이 날아올랐다.

동고비

몸길이 13.5cm의 작은 텃새이다.

부리가 길어서 머리 길이와 비슷하다. 몸의 윗면은 시멘트색 같은 청색이고 부리에서 목뒤로 지나는 검은색 눈선이 인상적이다. 위쪽으로만 나무를 탈 수 있는 딱따구리와 달리 동고비는 나무줄기나 가지의 위아래로 능숙하게 오르내릴 수 있다.

곤줄박이

몸길이 16cm 정도의 작은 새로 우리나라 어디서나 흔히 볼 수 있는 텃새이다. 거미나 딱정벌레 같은 먹이를 찾기 위해 나뭇가지나 줄기를 톡톡 두드리는 습성이 있다. 사람을 무서워하지 않아서 사람들이 만든 새집에 둥지를 틀기도 한다. 곤줄박이 이름은 '검은색이 박혀있는 새'라는 뜻으로 아마도 머리 부분의 검은색 때문에 붙여진 이름이 아닐까 추정된다.

꾀꼬리

몸길이 약 26cm의 여름 철새이다. 부리는 붉은색이고 몸 전체가 선명한 노란색의 깃털로 덮여있다. 눈에서 뒤통수까지 검은색 선이 길게 이어져 있는데 마치 머리띠를 두른 것 같다. 맑고 고운 울음소리의 대명사인 꾀꼬리이지만 적을 경계할 때 내는 소리는 굉장히 거칠고 날카로우며 꽤 위협적이다.

동화에 나오는 새

멧비둘기

멋쟁이새

몸길이 약 15cm로 흔하게 볼 수 없는 겨울 철새이다. 암컷은 갈색이지만 수컷은 목 부분의 장밋빛 붉은색 털이 화려하다. 말 그대로 멋쟁이다

아마 전 세계 대도시 어디에서나 볼 수 있는 새일 것이다. 수명은 10~20년으로 긴 편이다. 영리하고 길들이기 쉬우며 먼 곳으로 갔다가도 다시 집을 찾아오는 귀소본능이 강하며 길 찾기도 능숙한 것으로 알려져 있다.

쇠딱따구리

딱따구리 종류의 새 중에서 가장 작은 새로 몸길이가 약 15cm이다. 몸의 윗면은 갈색 바탕에 흰색의 점들이 가로로 무늬져 있다. 수컷은 정수리에 붓으로 콕 찍어놓은 것 같은 붉은 점이 있는데 자세히 보아야 볼 수 있다. 단단한 꼬리 깃털을 이용하여 나무줄기에 세로로 앉거나 나무줄기를 빙빙 돌면서 기어오르는 습성이 있다.

오색딱따구리

우리나라 전역에서 번식하는 텃새이다. 몸길이가 약 23cm이며 딱따구리 종류 중 수가 가장 많다고 한다. 딱따구리 종류의 새들은 다른 새들과 달리 단단한 꽁지를 이용해 나무줄기에 세로로 앉아 있는다. 봄철에, 뒷동산에서 '드르르'하는 소리가 들리면 딱따구리 종류의 새들이 나무줄기에 구멍을 내기 위해 나무를 두드리는 소리인 경우가 많다. 구멍을 파면 긴 혀로 그 속에 있는 어린 곤충을 잡아먹는다.

진박새

쇠박새

새의 이름 앞에 쇠 자가 붙으면 주로 작다는 뜻이다. 몸길이가 약 11cm 정도로 박새보다 작은 새이다. 쇠박새는 작은 씨앗을 수집해서 나무의 옹이나 틈에 저장해 놓았다가 먹는데 가끔 그 저장장소를 잃어버리기도 한다.

진박새와 쇠박새를 구별하는 방법 중 하나는 진박새는 날개에 가는 흰색 띠가 두 줄이 있다는 것이다. 또 하나는 진박새는 머리에 댕기 깃이 있다는 것. 박새 쇠박새 진박새 모두 작은 새들인데 발가락이 정말 가늘고 발톱은 더 가늘다. 그 작은 발로 나뭇가지를 꼭 잡고 앉아 있는 모습을 보면 앙증맞기 이를 데 없다.

참새

크기가 약 14cm로 산림성 조류를 관찰할 때, 새의 크기를 비교하는 자와 같은 역할을 하는 새이다. 도시 농촌 등 마을 주변에서 살아가며 꽃의 꿀, 곤충, 벼, 이삭, 씨앗 등을 먹는 잡식성이다.

황새

원래는 크다는 뜻의 순우리말 '한새'가 황새로 변한 것이라 한다. 우리나라 전역에 살던 텃새였으나 지금은 전 세계적으로 3,000마리 정도밖에 없는 멸종위기 동물이다. 크기가 100~115cm이며 몸무게는 5kg에 이른다. 성대가 없어 울음소리를 못 내는 대신 부리를 빠르게 부딪쳐서 '따다닥 딱딱' 하는 소리로 의사소통하고 적을 위협하기도 한다.

팔색조

천연기념물로 지정되어 있으며 쉽게 볼 수 없는 여름새이다. 몸길이가 약 18cm이며 꼬리가 짧은 편이다. 경계심이 강해 좀처럼 모습을 드러내지 않는다. 팔색조이지만 녹색 남색 검은색 흰색 진홍색 크림색 갈색의 7가지 깃털 색을 가지고 있으며 이 깃털 색들의 조화가 정말 아름답다. 울음소리는 '호윗 호오윗' 하고 운다.

파랑새

몸길이 29.5cm의 비교적 큰 여름 철새이다. 몸은 파란색이라기보다는 청록색에 가깝고 머리와 꽁지는 검은색이다. 산호색의 부리는 단단해서 전주에 구멍을 뚫고 둥지를 틀 정도이다. 울음소리가 꽤 시끄럽고 성질도 사나운 맹금류이다.

온라인 백과 나무위키와 다른세상출판 '날아라 새들아'(저자 원병오), LG상록재단 '한국의 새'에서 참조했음을 밝힙니다.

새 이름을 맞춰보세요

🐦 보기

곤줄박이	꾀꼬리	꿩(까투리)	꿩(장끼)	노랑할미새
동고비	딱새 수컷	딱새 암컷	멋쟁이새	멧비둘기
박새	방울새	붉은머리오목눈이	뻐꾸기	쇠딱따구리
쇠박새	오목눈이	오색딱따구리	직박구리	진박새
찌르레기	참새	큰유리새	파랑새	팔색조	황새

1. ☐☐☐

2. (꿩) ☐☐☐

3

4

5

6

7

8

9

10

11 ☐☐☐☐

12 ☐☐☐☐

13　　　　　　　　　　　(꿩) ☐☐

14 □□□□□□

15 □□□□□

16 □□

17 □□□□□□

18

19

20

21

22 ☐☐☐☐

23 ☐☐☐

24 ☐☐☐☐

25 ☐☐☐

26 ☐☐☐☐☐

정답

1. 방울새
2. 꿩(까투리)
3. 큰유리새
4. 파랑새
5. 팔색조
6. 딱새 암컷
7. 뻐꾸기
8. 동고비
9. 딱새 수컷
10. 꾀꼬리
11. 찌르레기
12. 직박구리
13. 꿩(장끼)
14. 붉은머리오목눈이
15. 노랑할미새
16. 황새
17. 오색딱따구리
18. 참새
19. 멋쟁이새
20. 멧비둘기
21. 박새
22. 곤줄박이
23. 진박새
24. 오목눈이
25. 쇠박새
26. 쇠딱따구리

작은 새들
엄마가 읽고 내 아이에게 들려주는 새 이야기

펴낸날 2023년 12월 29일
글쏜이 조은소리
사진 권경숙
일러스트 윤상은
펴낸곳 한글소리샘
이메일 sorisaem12@gmail.com
ISBN 979-11-983938-1-4(73810)
값 14000원

Copyright 2023. 조은소리, 권경숙 all rights reserved.
저작권법에 의해 보호받는 저작물이므로 무단 전재와 무단 복제를 금합니다.

머리와 마음을 두드리는 소리가 샘솟는 글을 펴내는 출판사이고자
한글소리샘이라 이름 지었습니다.
한글소리샘의 책이 여러분께 맑고 시원한 앎의 샘이 되길 바랍니다